Hasta que

EL CIELO INVADA LA TIERRA

Hasta que

EL CIELO INVADA LA TIERRA

CINDY TRIMM

CASA
CREACIÓN

La mayoría de los productos de Casa Creación están disponibles a un precio con descuento en cantidades de mayoreo para promociones de ventas, ofertas especiales, levantar fondos y atender necesidades educativas. Para más información, escriba a Casa Creación, 600 Rinehart Road, Lake Mary, Florida, 32746; o llame al teléfono (407) 333-7117 en Estados Unidos.

Hasta que el cielo invada la tierra por Cindy Trimm
Publicado por Casa Creación
Una compañía de Charisma Media
600 Rinehart Road
Lake Mary, Florida 32746
www.casacreacion.com

A menos que se exprese lo contrario, el texto bíblico ha sido tomado de la versión Reina-Valera © 1960 Sociedades Bíblicas en América Latina; © renovado 1988 Sociedades Bíblicas Unidas. Utilizado con permiso.

Las citas de la Escritura marcadas (NTV) corresponden a la Santa Biblia, Nueva Traducción Viviente, © Tyndale House Foundation, 2010. Usado con permiso de Tyndale House Publishers, Inc., 351 Executive Dr., Carol Stream, IL 60188, Estados Unidos de América. Todos los derechos reservados.

Traducido por: Signature Translations
Director de diseño: Bill Johnson

Originally published in the U.S.A. under the title:
'Til Heaven Invades Earth
Published by Charisma House, A Charisma Media Company
Copyright © 2013 Cindy Trimm
All rights reserved

Visite la página web de la autora: www.trimminternational.com

Copyright © 2013 Casa Creación
Todos los derechos reservados

Library of Congress Control Number: 2013944176
ISBN: 978-1-62136-423-8
E-book ISBN: 978-1-62136-435-1

Impreso en los Estados Unidos de América
13 14 15 16 17 * 7 6 5 4 3 2 1

CONTENIDO

El pueblo de la tierra usaba de opresión y cometía robo, al afligido y menesteroso hacía violencia, y al extranjero oprimía sin derecho. Y busqué entre ellos hombre que hiciese vallado y que se pusiese en la brecha delante de mí, a favor de la tierra, para que yo no la destruyese; y no lo hallé.

—Ezequiel 22:29–30

Entonces el Rey dirá a los de su derecha: Venid, benditos de mi Padre, heredad el reino preparado para vosotros desde la fundación del mundo.
"Porque tuve hambre, y me disteis de comer; tuve sed, y me disteis de beber; fui forastero, y me recogisteis; estuve desnudo, y me cubristeis; enfermo, y me visitasteis; en la cárcel, y vinisteis a mí. Entonces los justos le responderán diciendo: Señor, ¿cuándo te vimos hambriento, y te sustentamos, o sediento, y te dimos de beber? ¿Y cuándo te vimos forastero, y te recogimos, o desnudo, y te cubrimos? ¿O cuándo te vimos enfermo, o en la cárcel, y vinimos a ti? Y respondiendo el Rey, les dirá: De cierto os digo que en cuanto lo hicisteis a uno de estos mis hermanos más pequeños, a mí lo hicisteis".

—Mateo 25:34–40

PRÓLOGO

Acerquémonos, pues, confiadamente al trono
de la gracia, para alcanzar misericordia y
hallar gracia para el oportuno socorro.

HEBREOS 4:16

AQUEL DÍA CUANDO llegó a la corte sabía que se encontraba a un paso de la muerte.

Entrar a la presencia del rey sin ser convocada era equivalente a un intento de asesinato. Hacerlo implicaba que la ejecutaran al instante, excepto si el rey decidía tener misericordia y extenderle el cetro, lo que significaba que otorgaba el permiso real para que alguien llegara ante él para hacerle una petición.

Ester sabía muy bien el riesgo que corría al hacer lo que estaba haciendo aquel día, pero también sabía que si no lo hacía su pueblo estaría destinado al genocidio. Alguien tenía que levantarse. Alguien tenía que alzar la voz. Alguien tenía que ir delante del rey para pedirle justicia, incluso si no sobrevivía en el intento.

Pero Ester tampoco era tonta. No iba a llegar delante del trono apresuradamente, haciendo demandas o levantando protestas. No iba a intimidar al rey para que viera las cosas a su manera. Lo que necesitaba hacer era presentar su caso con sabiduría y decoro.

De modo que, en primer lugar, se preparó para la audiencia y ayunó durante tres días y tres noches antes de presentarse delante del rey. No estaba sola en su preparación para esta audiencia tan importante. Muchas otras personas, incluyendo a su primo, que era su pariente más cercano, se unieron a ella en oración y ayuno desde los lugares donde estaban.

A medida que el tiempo se acercaba, pensó muy bien en la manera como se iba a vestir y adornar. Escogió las ropas más elegantes, los cosméticos y el perfume que sabía que le iban a gustar más al rey. Después de todo, era la novia del rey. Estaba muy familiarizada con lo que más le gustaba al rey y con lo que más le disgustaba. Conocía la forma en que administraba la justicia, las iniquidades, las discriminaciones que lo indignaban y las cosas que lo complacían. Sabía, en definitiva, que no se trataba de lo que ella deseaba. Se trataba de lo que el rey deseaba, de lo que permitiría y de lo que no permitiría que sucediera. Se trataba de pedirle que se levantara y usara su soberanía para enderezar lo que estaba torcido a pesar de cualquier otra jurisdicción o autoridad presente en aquellos lugares.

También sabía que iba a necesitar paciencia. El rey no era de los que se precipitaba ni hacía las cosas de acuerdo a otro programa que no fuera el suyo propio. Así que, si le extendía el cetro, ella no le haría allí mismo la petición, sino que lo invitaría a cenar, no una vez sino dos, antes de exponer su petición. Primero le prodigaría toda su atención y amor, antes de siquiera pensar en pedirle algo, para hacerle saber que no lo amaba por lo que iba a hacer, sino por lo que él significaba para ella.

Luego, por último, no iba a pedir solo la liberación sino también el otorgamiento de poder a aquel pueblo que estaba a punto de que lo atacaran. El rescate es maravilloso, pero la fuerza para valerse por sí mismo y defenderse es aún mejor. No iba a pedir una solución que involucrara a otras personas, sino el poder para enfrentar los retos que estaban delante de ellos por sí mismos. Pediría que les dieran las armas que necesitaban para derrotar a los enemigos que venían contra ellos. La liberación vendría de sus propias manos a través de la bendición del rey.

Con la estrategia diseñada y vestida con sus ropas de novia real, Ester salió de la comodidad de su aposento para presentarse delante del rey. De una manera u otra, estaba consciente de que le costaría todo, era la justicia o la muerte. Pero como su primo le había dicho: "¿Y quién sabe si para esta hora has llegado al reino?" (Ester 4:14).

INTRODUCCIÓN

*Que me buscan cada día, y quieren
saber mis caminos....me piden justos
juicios, y quieren acercarse a Dios.*

ISAÍAS 58:2

NO PUEDO IMAGINARME una historia de
intercesión mejor que la de Ester. En un país
extranjero, se paró delante del rey, por amor
a su pueblo. Al hacerlo, literalmente arriesgó su vida
en favor de otros. Así describió Jesús tal arrojo: "Nadie
tiene mayor amor que este, que uno ponga su vida por
sus amigos" (Juan 15:13). Aunque nosotros nos presentamos delante de un Rey mucho más poderoso que
aquel al que se enfrentó Ester, creo que tenemos mucho
que aprender acerca de la anatomía de la intercesión de
la escena de Ester parada delante del trono del juicio.
Hay muchos detalles de su actitud y preparación que

debemos imitar para que nuestras oraciones por otros sean más efectivas.

La oración de intercesión es un deber de cada cristiano que vive en este planeta. Así como el servicio militar, demanda entrenamiento, sacrificio y disciplina. Eso no quiere decir que sea una vida sin gozo, de hecho es todo lo contrario, pero es un deber tan desafiante que son pocos los que se atreven a asumirlo como debe ser. Casi siempre es una aventura solitaria que no implica ningún reconocimiento en ningún lugar excepto en el cielo y, por tanto, casi todo el resto de las cosas de nuestras vidas tratarán de distraernos para que no lo hagamos, a menos que tengamos una determinación sincera. En lo que se refiere a las prácticas cristianas, nos encanta asistir a la iglesia, alabar y adorar, participar en estudios bíblicos, viajes misioneros, escuchar a conferencistas especiales, asistir a conferencias, retiros de fines de semana, estudios bíblicos e incluso a las reuniones de oración semanales. No hay duda de que reunirse es una manera excelente de disminuir un poco la dificultad de la práctica de la oración. Sin embargo, una hora o dos realmente no marcan la diferencia. Si no me cree, solo tiene que observar el mundo que nos rodea. Las cosas están como están porque nadie está de pie delante del trono del cielo para pedir que cambien. "El reino de los cielos sufre violencia, y los violentos lo arrebatan" (Mateo 11:12). ¿Dónde están los guerreros de oración que se opondrán violentamente a la violencia que se está cometiendo con los vulnerables y los inocentes en todas las comunidades, ciudades y naciones alrededor del mundo?

Este versículo no está hablando de iniciar una revolución o de salir a las calles a hacer huelgas pidiendo un cambio. Sabemos que ese tipo de cosas puede acarrear cambios, solo tiene que ver el Oriente Medio después de la primavera árabe, pero en la actualidad esas naciones están sufriendo con gobiernos que son tan opresores y corruptos, si no más, que los que tenían antes. Provocaron un cambio, pero no fue un cambio ni duradero ni beneficioso. No, se trata de un pueblo que se presente con devoción delante del trono del cielo con una actitud implacable de vencer o morir como la que tuvo Ester. Nosotros "ofrecemos nuestras vidas" no tanto porque estemos deseosos de morir, sino porque somos lo que los santos en el pasado llamaron "mártires vivientes". Existen personas que viven según los protocolos del cielo en vez de vivir atrapados en las tentaciones de la tierra. No, todas esas personas no viven en monasterios o conventos, ni todas están en el campo misionero viviendo en una choza de barro, ni todas están trabajando en una iglesia. Aunque tengo el mayor respeto por aquellos que hacen estas cosas, por los que se dan cita en las reuniones semanales de oración con el objetivo de ser "el corazón de la iglesia que ora", o que arriesgan sus vidas para llevar el evangelio de Jesucristo a los lugares más recónditos de la tierra, no todos nosotros somos llamados a vivir esa clase de vida, aunque sí creo que todos hemos recibido el llamado a la intercesión.

¿Qué quiero decir con esto? Lo que quiero decir es que los mártires vivientes son como cualquier persona que usted puede ver caminando por la calle de cualquier pueblo o ciudad, pero en vez de guiar sus vidas según los dictámenes de sus lugares de trabajo y de su cultura consumista, viven según los latidos del cielo. Son excelentes trabajadores y a menudo poseen cosas hermosas, pero esas cosas hermosas no los poseen a ellos. Sus actividades durante su tiempo libre no las dicta el horario de los programas de televisión, lo que se exhibe en la cartelera de los cines, las últimas ventas, o los eventos deportivos de temporada. Es casi seguro que disfrutan de esas cosas, pero estas personas ponen lo primero en primer lugar, viviendo según el principio de Mateo 6:33: "Mas buscad primeramente el reino de Dios y su justicia, y todas estas cosas os serán añadidas". Consideran las prioridades del Reino de Dios antes que los placeres de este mundo. Disfrutan la vida según los principios y los dictámenes de Dios y ciertamente no dudan en sacrificar una o dos horas al día de "su" tiempo para presentarse delante de Dios para pedir que Dios les otorgue el poder para enfrentar aquellas cosas que están enfrentando. El apóstol Pablo lo describió de esta manera:

> Pues tengo por cierto que las aflicciones del tiempo presente no son comparables con la gloria venidera que en nosotros ha de manifestarse. Porque el anhelo ardiente de la creación es el aguardar la manifestación de los hijos de Dios. Porque la creación fue sujetada a vanidad, no por su propia voluntad, sino por causa del que la sujetó en esperanza; porque también la creación misma será libertada de la esclavitud de corrupción, a la libertad gloriosa de los hijos de Dios. Porque sabemos que toda la creación gime a una, y a una está con dolores de parto hasta ahora;
>
> Y de igual manera el Espíritu nos ayuda en nuestra debilidad; pues qué hemos de pedir como conviene, no lo sabemos, pero *el Espíritu mismo intercede por nosotros con gemidos indecibles.* Mas el que escudriña los corazones sabe cuál es la intención del Espíritu, porque conforme a la voluntad de Dios intercede por los santos. Y sabemos que a los que aman a Dios,

todas las cosas les ayudan a bien, esto es, a los
que conforme a su propósito son llamados.
—ROMANOS 8:18–22, 26–28,
ÉNFASIS AÑADIDO

Lo que Pablo está diciendo aquí es que hasta la
misma creación gime debido a la corrupción que se produce como consecuencia de un mundo caído…el pecado tiene consecuencias. Nuestro planeta y nuestro
cuerpo no fueron diseñados para soportarla. El pecado
corrompe o explota casi todo lo que toca y es una espada de doble filo, porque si bien es cierto que el que
vive por la espada (el pecado) muere por la espada (el
pecado), antes de morir herirá a muchas otras personas.
Esta es la justicia que los intercesores demandan violentamente, que el enemigo sea confrontado como Jesús
confrontó a Pablo en el camino a Damasco. Tiene que
ser detenido, pero los corazones también tienen que ser
transformados.

¿Qué salvará a nuestro planeta? *La manifestación de los
hijos y las hijas de Dios.* Cuando nos convertimos en los
hijos de Dios que estamos llamados a ser, conectados y
guiados por el Espíritu Santo, con la madurez necesaria
para funcionar como los seres tripartitos en los que debemos convertirnos acorde al diseño de Dios, las cosas
cambiarán para bien. El reino de Dios se *manifestará,*

quizás no en toda la tierra de primera instancia, pero al menos en aquellos lugares en los que ejercemos influencia. Debemos hacer las oraciones y llevar las cargas que Dios mismo lleva por este mundo. ¿Y quién es aquel que escudriña la mente de Dios con respecto a todos los problemas que enfrenta el mundo actual? "Mas el que escudriña los corazones sabe cuál es la intención del Espíritu, porque conforme a la voluntad de Dios intercede por los santos" (Romanos 8:27).

La oración intercesora no se trata de buscar las palabras correctas para que nuestras peticiones persuadan a un Dios pasivo a entrar en acción. Dios es un Dios proactivo, no está sentado de brazos cruzados en espera de que alguien lo convenza para que haga algo en favor de la tierra. Sin embargo, también ha decretado que todas las personas tienen derecho a ejercer su libre albedrío. No violará su propia Palabra para intervenir en la tierra o en la vida de una persona. Desea lo mejor para cada uno de nosotros, pero cada uno de nosotros debe primero invitarlo a entrar de modo que Él pueda hacer esa obra de gracia. Lo mismo se cumple para la tierra. Debemos invitar a Dios para que manifieste su Reino en todas las áreas que tocamos.

Dios conoce nuestras necesidades aun antes de que se las digamos, incluso cuando estamos orando por otros. De modo que la intercesión no solo se trata de presentar una causa y esperar respuestas. No recibimos simplemente respuestas a nuestras oraciones... *nosotros mismos nos convertimos en la respuesta.* Adquirimos conocimiento y sabiduría para buscar soluciones. Nos enteramos de ministerios y organizaciones que están lidiando con los mismos asuntos por los que estamos orando y rogamos que Dios les dé poder. Crecemos en determinación y fortaleza para ver cómo nuestras batallas llegan a su glorioso final. Nuestros corazones se entrelazan con el corazón de Dios para establecer sus deseos en la tierra, sus bendiciones, su sanidad divina, sus caminos, su sabiduría, su reino. Al mismo tiempo crecemos y tocamos las vidas de otros, contagiándolos con el sentido de propósito y la misión con que Dios nos ha contagiado.

El propósito latente en todas las oraciones es convertirnos en seres auténticos. Logramos esto poniendo a un lado las distracciones de la vida y las demandas diarias para pasar tiempo con Dios y conocer su plan para nuestras vidas, su plan para impactar a nuestra comunidad y su plan para que sanemos a las naciones de la tierra. Se trata de presentar los asuntos de este mundo ante el Padre y permitir que Él nos enseñe cómo convertirnos en parte de la solución. Se trata de asumir nuestra posición como hijos de Dios para levantarnos a favor no solo de los seres humanos que todavía no lo conocen y de aquellos hermanos y hermanas que necesitan la bendición de Dios en sus vidas, sino también a favor de los oprimidos, de los hambrientos, de los esclavizados, los explotados, los pobres y los desamparados. Si realmente vamos a marcar una diferencia con respecto a tales asuntos, no necesitamos más ideas "buenas"…necesitamos respuestas de Dios.

Andrew Murray describió la intercesión de esta manera en su libro *Escuela de la oración*:

> Es en la intercesión donde la iglesia debe encontrar y ejercer su mayor poder, donde cada miembro de la iglesia debe demostrar que es un descendiente de Israel [Jacob], quien como príncipe luchó con Dios y con los hombres, y prevaleció…
>
> Estoy seguro de que mientras consideremos la oración principalmente como un medio de mantener nuestra vida cristiana, no entenderemos completamente lo que significa. Pero cuando aprendemos a considerarla como la parte más importante del trabajo que se nos ha encomendado, la raíz y la fuerza de todos los otros trabajos, veremos que no hay nada que necesitemos estudiar y practicar tanto como el arte de orar como es debido…Únicamente cuando la iglesia se entrega a este trabajo santo

de la intercesión es cuando podemos esperar
que el poder de Cristo se manifieste a su favor.[1]

Si esto es cierto, y yo creo que sí, podemos estar
seguros de que en la tierra no ocurre ningún cambio
verdadero ni duradero que no haya nacido de la oración.
Y por ese motivo, no hay ninguna actividad cristiana
a la que el enemigo se oponga con más fuerza, o que
nuestra carne resista con más distracciones, que la intercesión íntima y verdadera. Cuando nos paramos delante de nuestro Rey, sabemos que extenderá su cetro
para demostrar su favor sobre nosotros, pero no estamos allí solo por nosotros. Esto no es juego. Hay un
tiempo para venir delante del trono de Dios tan solo
para estar en su presencia, para sentarnos en el regazo
de nuestro "papito". Pero también hay ocasiones en que
los príncipes y las princesas de Dios se presentan ante el
Padre con peticiones formales como emisarios de aquellos que no tienen el poder o el deseo de hablar por sí
mismos. Ester era la reina, la esposa del rey Asuero, sin
embargo, aquel día no vino como una esposa viene ante
su esposo sino como una embajadora se presenta ante
el rey. Esto no cambió su relación íntima, pero lo que sí
expresó fue: "Sé que nos conocemos mutuamente, pero
al mismo tiempo, estoy dispuesta a arriesgar nuestra

relación, a arriesgarme incluso a morir, para venir hoy delante del trono a favor de otros". Tal como oró Pablo:

> Porque deseara yo mismo ser anatema, separado de Cristo, por amor a mis hermanos, los que son mis parientes según la carne; que son israelitas, de los cuales son la adopción, la gloria, el pacto, la promulgación de la ley, el culto y las promesas; de quienes son los patriarcas, y de los cuales, según la carne, vino Cristo, el cual es Dios sobre todas las cosas, bendito por los siglos. Amén.
>
> —Romanos 9:3–5

No, Pablo no se separó de Cristo por su anhelo de que el pueblo de Israel lo conociera como él lo había conocido. Pero estaba dispuesto a ponerse en la brecha. Estaba dispuesto a probar su relación con Dios pidiéndole algo difícil, algo más que simplemente "Dios bendíceme a mí y a los míos".

Nosotros, el pueblo de Cristo en la tierra, tenemos que entender la oración de intercesión y debemos interceder por las naciones si queremos impactar la tierra en la manera en que Dios nos llamó para que lo hiciéramos. Tenemos que transformarnos en algo más que solo "cristianos". Debemos convertirnos en los hijos de Dios que Él planeó que fuéramos. Debemos convertirnos en seres auténticos. Debemos estar dispuestos a hacer a un lado este mundo por amor a aquellos que necesitan a Dios, incluso por amor a aquellos que se declaran como nuestros enemigos.

Vivimos en lo que podría considerarse la época más grandiosa de la tierra. Estamos más cerca del regreso de Cristo que ninguna otra generación anterior. ¿En medio de qué nos encontrará cuando regrese? ¿Estaremos orando, caminando en los planes que Él nos dio cuando estábamos en oración, trabajando en algún invento o programa para cambiar al mundo, o estaremos simplemente sentados con nuestros talentos enterrados profundamente en la tierra porque estábamos cómodos o con miedo?

No puedo hablar por usted, ¡pero yo sí sé lo que Él me encontrará haciendo!

¿Quién es, pues, el siervo fiel y prudente, al cual puso su señor sobre su casa para que les dé el alimento a tiempo? Bienaventurado aquel siervo al cual, cuando su señor venga, le halle haciendo así. De cierto os digo que sobre todos sus bienes le pondrá. Pero si aquel siervo malo dijere en su corazón: Mi señor tarda en venir; y comenzaré a golpear a sus consiervos, y aun a comer y a beber con los borrachos, vendrá el señor de aquel siervo en día que éste no espera, y a la hora que no sabe, y lo castigará duramente, y pondrá su parte con los hipócritas; allí será el lloro y el crujir de dientes.

—MATEO 24:45–51

PARTE UNO

LA CORTE DEL CIELO

El fundamento sólido de la fe cristiana es el inmerecido e ilimitado milagro de su amor que se manifestó en la cruz del Calvario. Un amor del que de ningún modo somos dignos y nunca lo seremos. Pablo dijo que esta es la razón por la que en todas estas cosas somos más que vencedores y súper victoriosos. Y con un gozo que no tendríamos sino fuera por esas mismas cosas que aparentemente nos van a vencer...

Cuando oramos fundamentados en la redención, Dios crea algo que solamente puede hacer por medio de la oración intercesora.[1]

OSWALD CHAMBERS

La única preocupación del diablo es evitar que los santos oren. Nada teme al estudio carente de oración, al trabajo carente de oración, a la religión carente de oración. Se ríe de nuestro afán, se burla de nuestra sabiduría, mas tiembla cuando oramos.[2]

SAMUEL CHADWICK

UNO

ABOGADO ANTE EL TRONO

Entender la judicatura del cielo

*Hazme recordar, entremos en juicio
juntamente; habla tú para justificarte.*

ISAÍAS 43:26

*Es también de suma importancia
para el alma orar con valor.*[1]

MADAME JEANNE GUYON

UNO DE LOS cuadros más famosos del siglo veinte fue "El rebelde desconocido", al que casi siempre se hace referencia como "El hombre del tanque", quien se paró desafiante al frente de una columna de tanques chinos tipo 59 un día después del brutal despeje de los estudiantes que protestaban en la Plaza Tiananmen el 4 de junio de 1989. Es probable que usted haya visto el cuadro; si no es así, al hacer una simple búsqueda en la internet del "El hombre del tanque" podrá encontrar muchas versiones de este, e incluso algún video. Según los canales oficiales, nadie supo nunca quién era este hombre o qué sucedió con él. Para muchos el cuadro se convirtió en un símbolo de la protesta sin violencia. Un hombre ordinario, que llevaba lo que parecía ser comida, se paró con valentía delante de la columna de tanques, expuesto a que cualquiera de ellos le pasara por encima, pero gracias a la humanidad del líder de los tanques, en vez de aplastarlo, toda la columna se detuvo. Cuando el hombre se dio cuenta de que los tanques pretendían rodearlo, retrocedió para volver a colocarse al frente del primer tanque y nuevamente forzó a la columna a detenerse. Era como si el valor de aquel único hombre fuera capaz de detener a todo el ejército chino. Si esto hubiera sucedido un día antes, si tan solo alguien hubiera sido capaz de pararse frente al ejército y detenerlo, entonces las miles de víctimas que murieron aquel día se habrían salvado.

El pasaje esencial sobre el tema de la intercesión dibuja un cuadro muy similar:

El pueblo de la tierra usaba de opresión y cometía robo, al afligido y menesteroso hacía

violencia, y al extranjero oprimía sin derecho. Y
busqué entre ellos hombre que hiciese vallado
y que se pusiese en la brecha delante de mí, a
favor de la tierra, para que yo no la destruyese;
y no lo hallé.

—Ezequiel 22:29–30

Se parece bastante a la época en que vivimos, ¿no
es así?

Si echamos un vistazo a la historia, nos daremos
cuenta de que una corrupción semejante a la de nuestros
días solo cambiaba con una época de un gran avivamiento
social. Israel vivió tal cambio bajo el liderazgo
de reyes que oraban, como David, Ezequías y Josías. El
Gran Avivamiento del siglo XVIII nació en el movimiento
de oración 24/7 de los moravos en Herrnhut
y en la metódica devoción de Juan y Charles Wesley y
George Whitefield. Refiriéndose a su actitud de oración,
Juan Wesley dijo en cierta ocasión: "Oro dos horas cada
mañana. Eso es si no tengo muchas cosas que hacer. Si
tengo mucho que hacer ese día, entonces oro tres horas".
El segundo Gran Avivamiento también estuvo fundado
en la oración, en especial de intercesores como Daniel
Nash y Abel Clary, quienes fueron claves para el
éxito del ministerio de Charles Finney. Con respecto al
"Padre" Nash, Finney escribiría más tarde:

Conozco cristianos que agonizaban [en oración], cuando el ministro se dirigía al púlpito, por temor de que su mente estuviera nublada, o su corazón frío, o que no tuviera unción y, como consecuencia, no viniera la bendición. He batallado con un hombre de esta clase. Oraba hasta que tuviera la seguridad en su mente de que Dios estaría con él mientras oraba y a veces oraba hasta agotarse. He conocido momentos en que él estuvo en oscuridad por un tiempo y mientras las personas se reunían, su mente estaba llena de ansiedad, y una y otra vez se retiraba a orar, hasta que por fin entraba a la habitación con un rostro sonriente y decía: "El Señor ha venido y estará con nosotros". Y nunca lo vi cometer un error.[2]

Con Daniel Nash yendo delante de él a cada pueblo para orar antes de que Finney llegara allí para predicar, el ministerio de Finney alcanzó su esplendor en Rochester, New York, en 1830. Toda la comunidad se transformó porque anhelaba conocer acerca de Dios. Los negocios cerraban en el horario de los servicios de la iglesia porque no había nadie que comprara. Los bares y los teatros cerraban porque no había quien los dirigiera, ya que los antiguos patrones preferían asistir a las reuniones de oración o a los estudios bíblicos. La tasa de delitos disminuyó bruscamente y florecieron las obras de caridad. Aunque en Rochester solo vivían diez mil personas en aquella época, cien mil se añadieron a las iglesias de la ciudad y de las zonas aledañas. Donde actualmente con suerte encontramos un 20 por ciento de convertidos que permanecen fieles asistiendo a la iglesia luego de una reunión de avivamiento, más del 80 por ciento de aquellos que tomaron la decisión de seguir a Jesús durante las reuniones de Finney siguieron a Dios por el resto de sus vidas.[3]

Muchos comparan también lo que sucedió en Inglaterra durante el Gran Avivamiento con lo que sucedió en Francia durante el mismo período. Con problemas económicos, sociales y gubernamentales bastante similares, Inglaterra vivió un gran avivamiento y Francia una revolución sangrienta. Es fácil sentirnos como que no estamos logrando nada cuando nos arrodillamos para orar por otros, pero la verdad es que no hay nada más poderoso en la tierra que alguien que se arrodilla para orar con la valentía de aquel rebelde desconocido de pie frente a aquellos tanques. Pararse en el espíritu entre la maldad y aquellos que ésta pretende aplastar es la manera en que el reino de Dios cambia el mundo a nuestro alrededor. El objetivo principal del trabajo de William Wilberforce era terminar con la esclavitud en el imperio británico. El objetivo principal del genio inventor George Washington Carver era liberar a los agricultores sureños de la pobreza absoluta. Esta fue la piedra angular del movimiento de derechos civiles. Una cosa es pararse en una protesta sin violencia y marchar contra la opresión, pero solo cuando esa decisión se mezcla con oración es cuando ocurre una verdadera transformación de las sociedades.

Solo piense en cualquier organización o ministerio que haya tocado el mundo para bien y se dará cuenta de que la oración fue la base de ello. El Ejército de Salvación de la segunda mitad del siglo diecinueve creció a partir de una pequeña misión en Londres hasta llegar a tener lugares de reunión en todo el mundo en un período de tan solo dos o tres décadas porque sus miembros practicaban el "entrenamiento de rodillas" (reuniones de oración) con una disciplina militar. Cuando en cierta ocasión el general William Booth recibió la noticia de que un lugar en el extranjero estaba teniendo problemas para establecerse, respondió con un simple telegrama de tres palabras: "Prueben con lágrimas". Cuando los miembros del Ejército de Salvación de aquel lugar asumieron la actitud de rogar durante sus reuniones de oración por las personas de la nación que estaban sufriendo, las cosas comenzaron a cambiar de forma drástica.[4]

Hay un nivel de alabanza y oración que es

profundamente beneficioso para nosotros como individuos. Nos mantiene en la senda en la que Dios nos ha llamado y nos ayuda a experimentar las bendiciones y el éxito que Dios quiere para nosotros. Esta clase de oración es maravillosa y no puede faltar en nuestras vidas. En ella oramos por otros de vez en cuando, en especial por nuestros seres queridos, amigos y compañeros de trabajo, por aquellas personas que tocan nuestras vidas. Presentamos nuestras peticiones por ellos al pie de la cruz. Esto es intercesión, y es maravilloso, pero no es este el nivel de intercesión del que estoy hablando. Estoy hablando de una defensa estratégica, sistemática y regular en favor de individuos o de grupos enteros de personas que sufren debido a las fuerzas de la oscuridad. Estoy hablando de una determinación planificada, inquebrantable y perseverante para ver la libertad en manos de personas que tal vez nunca conozcamos. No se trata de peticiones individuales por personas individuales, aunque esto tendrá lugar en el proceso. Se trata de entregar su vida durante un período de tiempo (horas, días, semanas, tal vez) para pedir que el cielo invada la tierra. Se trata también de sitiar las residencias de la oscuridad: la pobreza, la esclavitud, la opresión, el hambre, el delito, el consumo de drogas, la violencia doméstica, la guerra, el acceso al agua potable, la viudez y los corazones huérfanos, el divorcio y mucho más, y rogar por liberación en la corte del cielo.

El tipo correcto de oración para cada momento

En su libro *El arte de la oración*, Kenneth Hagin describe muchos tipos de oraciones que se mencionan en las Escrituras y afirma:

> La oración más efectiva es la oración que inspira el Espíritu Santo, la que *se necesita en ese momento*, ya sea la oración de acuerdo, la oración de fe, la oración de alabanza y adoración, o algún otro tipo de oración. A menudo diferentes tipos de oración trabajarán juntas así como los dedos de la mano.[5]

Dichos tipos diferentes de oración tienen la tendencia de sobreponerse, sincronizarse y coordinarse; no obstante, al mismo tiempo es útil poder identificar cada una de ellas y entender sus propósitos y parámetros únicos. No se trata de ser legalista o dogmático, ni es algo que usted usará en sus oraciones diciendo: "Ahora, Señor, quiero referirme a mis oraciones de peticiones". Pero a medida que el Espíritu de Dios lo dirige y lo guía en oración, es útil entender lo que algo es y no es, y cuándo es el momento de hacer una petición y cuándo es el momento de mostrar agradecimiento por las respuestas, incluso si todavía no se han manifestado en el mundo natural.

De modo que, en vez de describir cada tipo específico de oración que se encuentra en la Biblia, pensemos en ellas de acuerdo a algunas categorías globales. A continuación presento las principales que creo que debemos considerar cuando las utilizamos en o con la intercesión:

1. Peticiones y súplicas

2. Consagración y dedicación (o lo que yo llamo oraciones de "liberación")

3. La oración del acuerdo

4. Alabanza, adoración y acción de gracias

La intercesión en sí misma es en realidad cualquier oración que hacemos por otros o, más específicamente, es cualquier oración que traemos delante del trono de Dios a nombre de otro que no puede venir ya sea porque no conoce a Dios, porque no tiene una relación correcta con él o porque no comprende el lugar al que tiene derecho en la oración delante del Padre. En *El arte de la oración* Kenneth Hagin definió la intercesión como "pararse en la brecha de la oración entre una persona o personas que han traído juicio sobre sí mismas debido a sus malos actos y la ejecución de dicho juicio".[6] La general de oración Cindy Jacobs la describe de esta manera: "La verdadera intercesión de hecho tiene dos caras. Una cara es pedir a Dios su intervención divina; la otra es destruir las obras de Satanás".[7] Dick Eastman, de Cada Hogar para Cristo, lo describió de esta manera: "Un intercesor es un hombre o una mujer, o un niño, que pelea en nombre de otros. Como tal, la intercesión es la actividad que más nos identifica con Cristo. Ser un intercesor es ser como Jesús porque así es Jesús. Vive para interceder".[8] En otras palabras, la persona que intercede es la persona que se para frente al tanque de la calamidad que se aproxima para detenerla antes de que arrase con alguien que es importante para nosotros, incluso si es alguien que nunca hemos conocido. Y debido a que la fe obra por el amor, como vemos en Gálatas 5:6, el amor tiene que estar presente cuando oramos por alguien.

A estas definiciones añadiría que la intercesión puede hacerse también en nombre de los inocentes que están sufriendo calamidades por algo que no han cometido. De modo que tenemos el derecho de levantarnos en oración por aquellos que no han nacido y que sufren la amenaza del aborto, por los hijos que sufren violencia doméstica y otras clases de abusos, por aquellos que han sido raptados o que han sido víctimas de la trata de blancas, o por otros en situaciones semejantes.

Cuando venimos a Dios en nombre de estas personas, venimos con súplicas sinceras y confiadas, o con peticiones individuales por cosas específicas que humildemente sometemos a Dios. Hacer una súplica es como presentar una petición a un cuerpo de gobierno, donde se expresa la voluntad de las personas que han firmado para que se produzca alguna acción o intervención. Esto no significa que tengamos que salir y recoger un montón de firmas, porque como muchos han dicho: "Uno más Dios es mayoría". Estamos, en esencia, orando "la oración del acuerdo" según Mateo 18:19–20 con Dios mismo en vez de con otra persona.

> Si dos de vosotros se pusieren de acuerdo en la tierra acerca de cualquiera cosa que pidieren, les será hecho por mi Padre que está en los cielos. Porque donde están dos o tres congregados en mi nombre, allí estoy yo en medio de ellos.

Una de las cosas acerca de hacer una petición o una súplica es que así como cuando venimos ante un cuerpo de gobierno humano, mientras más específica y bien definida sea nuestra petición, mejor recibida será. Las oraciones vagas están en camino de recibir respuestas vagas, o al menos respuestas que no podremos estar seguros de que han sido dadas específicamente para aquello por lo que oramos porque, honestamente, no oramos por nada específico.

Antes de abundar más en este punto, permítame a continuación referirme a las oraciones de consagración y dedicación, ya que involucran aspectos similares. La oración de consagración es usualmente la oración de un individuo que se aparta de sus deseos personales para aceptar la voluntad de Dios para su vida. Es la oración que involucra un "sí, Señor" y tiene su mejor ejemplo en la oración de Jesús en el Huerto de Getsemaní:

> [Jesús] dijo a sus discípulos: Sentaos aquí, entre tanto que voy allí y oro. Y tomando a Pedro, y a los dos hijos de Zebedeo, comenzó a entristecerse y a angustiarse en gran manera. Entonces Jesús les dijo: Mi alma está muy triste, hasta la muerte; quedaos aquí, y velad conmigo. Yendo un poco adelante, se postró sobre su rostro, orando y diciendo: Padre mío, si es posible, pase de mí esta copa; pero no sea como yo quiero, sino como tú".
>
> —MATEO 26:36–39

En la oración de consagración el individuo renuncia a su propia voluntad para aceptar la voluntad y el plan de Dios.

Semejante a esta es la oración de dedicación, en la que estamos dedicando o dejando algo en las manos de Dios y quitándolo de las nuestras. En esencia estamos diciendo: "Dios, no me voy a preocupar ni voy a tener más temor con respecto a este asunto. Te lo estoy entregando. Lo estoy dejando al pie de tu trono. No lo voy a traer otra vez a mis pensamientos excepto para alabarte y darte gracias porque está en tus manos y tú estás encargándote de él". Es orar según lo que dice 1 Pedro 5:7: "Echando toda vuestra ansiedad sobre él, porque él tiene cuidado de vosotros". Esta es una oración que casi siempre se hace por las personas más cercanas a nosotros, por las cuales tenemos la tendencia de sentir temor o preocupación al punto de que nuestras propias oraciones se ven estorbadas porque el temor y la preocupación tienen la capacidad de disminuir la fe que tenemos para creer que las cosas cambiarán para ellos.

Lo que quiero que se dé cuenta con respecto a las oraciones de petición y súplicas, así como respecto a la oración de consagración y dedicación es que estas tienen una naturaleza específica y disciernen la voluntad de Dios en las situaciones por las cuales se hacen. Demasiadas personas piensan que la intercesión es simplemente añadir nombres al final de nuestras oraciones antes de ir a dormir, como solíamos hacer cuando éramos niños: "...y Señor, bendice a tía Hattie y a tío Rubén. Bendice a mamita y a papito, y a mis hermanas y hermanos también. Por favor, cuida a todos los huérfanos de África y a las personas que tienen hambre. Amén". Si bien esto es un buen punto de partida, necesitamos pasar suficiente tiempo en intercesión para hacer posible que Dios nos dirija en los detalles de aquello que estamos pidiendo al cielo que haga por cada una de esas personas o grupos.

Tampoco es simplemente orar: "Señor, hágase tu voluntad", como si esto fuera un cierre tan adecuado como el "Amén" para una oración, como si estuviéramos tratando de abarcar cualquier cosa que podamos haber olvidado y que debimos haber mencionado. La única ocasión en la que se usó esa frase en una oración fue en la oración de consagración de Jesús ante la voluntad del Padre de que subiera a la cruz. Jesús la oró conociendo muy bien cuál era la voluntad de Dios. Para poder orar "Hágase tu voluntad", tenemos que conocer primero cuál es esa voluntad.

De modo que la intercesión no es solamente orar por otros; es pasar tiempo con Dios (en la oración y en el estudio de su Palabra) para conocer su voluntad con respecto a aquellos por los que estamos orando y luego elevar nuevamente esa voluntad ante Dios como una petición o una súplica. Es el sentido en el que "entramos en juicio juntamente" (Isaías 43:26) con Dios presentando nuestras intercesiones delante de la corte del cielo.

Una vez que dejamos nuestras peticiones delante del Padre, tiene lugar la alabanza, la adoración y la acción de gracias. Aunque a veces, dependiendo de la oración y de cuán específicas sean las cosas por las que estamos orando, traeremos los mismos asuntos delante de Dios una y otra vez así como lo hizo la viuda persistente delante del juez injusto (Lucas 18:2–8), la mayoría de las veces oraremos por las cosas solo una vez y luego alabaremos y agradeceremos a Dios porque él se está ocupando de ellas desde ese momento en adelante. (Esta es, en esencia, la oración de fe: orar por algo y creer que, a partir de ese momento, Dios se está ocupando de ello). En una oración de dedicación, estamos dejando nuestras preocupaciones a sus pies y luego confiamos que Dios obrará. Mientras más específicas sean nuestras oraciones, más podremos confiar en que Dios nos dará respuestas específicas. Una vez que percibimos en el espíritu que en el cielo se están ocupando de ellas, solo nos resta agradecer a Dios y alabarlo por su manifestación en la tierra. Para asuntos más grandes (como los que trataremos en el capítulo 6), acudiremos a Dios para conocer súplicas más estratégicas e intensas que aprenderemos con el transcurso del tiempo y desarrollaremos en nuestro tiempo con Dios. Todo esto es orar en el Espíritu trabajando junto con Dios a medida que intercedemos. Es el compañerismo divino que Él desea.

Después de todo, el hecho de que Él nos pida que oremos para que se haga su voluntad en la tierra como en el cielo no es solo un asunto de semántica, es un antecedente legal de la manera en que Dios designó la autoridad sobre nuestro mundo y sobre nuestras vidas.

USTED TIENE JURISDICCIÓN

Juan Wesley dijo en cierta ocasión: "Dios no hace nada que no sea en respuesta a la oración....Cada nueva victoria que gana un alma es el efecto de una nueva oración".[9] Creo que esto es así porque una forma de considerar la intercesión es comparándola con la presentación de un caso delante de la corte de justicia. Muchas personas hacen énfasis en la soberanía de Dios (y no hay dudas de que Dios es soberano) pero parecen olvidar lo que dijo David proféticamente acerca de Dios: "Has engrandecido tu nombre, y tu palabra sobre todas las cosas" (Salmos 138:2). Si hay algo que supera la soberanía de Dios, eso es su fidelidad. Dios no es un mentiroso. Por su propia naturaleza, si hay algo que está por encima de su habilidad de hacer cualquier cosa en la tierra, son las promesas que ha hecho y la autoridad que ha otorgado.

En el primer capítulo de la Biblia se nos dice que después de crear la tierra, el Padre, el Hijo y el Espíritu Santo conversaron y dijeron:

> Hagamos al hombre a nuestra imagen, conforme a nuestra semejanza; y *señoree* en los peces del mar, en las aves de los cielos, en las bestias, en toda la tierra, y en todo animal que se arrastra sobre la tierra.
>
> —GÉNESIS 1:26,
> ÉNFASIS AÑADIDO

Esto nos deja ver que Dios le entregó *dominio* (o *jurisdicción*) de la tierra a la humanidad. Dijo: "Esto es tuyo. Cuídalo. Te voy a entregar un manual más tarde para que sepas cómo hacerlo, pero por ahora, caminemos juntos y conversemos en el frescor del día y conversemos sobre lo que vas a hacer con este planeta que te he dado. Si necesitas ayuda, solo pídela, pero es tuyo para que lo administres y lo prosperes según creas conveniente".

Ahora bien, exploremos esto un poco. Tengo muchos amigos que tienen hijos adolescentes que han cumplido dieciséis años y han sacado su licencia de conducción. Suponga que esos padres dijeran: "Cariño, estoy muy orgulloso de ti. Te has ganado el derecho de conducir, tus notas son buenas, te estás convirtiendo en un adulto responsable y has ahorrado algo de dinero de tu trabajo durante el verano para comprarte un auto. Bien, hemos decidido que en vez de que compres tu propio auto, te vamos a comprar uno. No obstante, será tuyo. Tendrás que cuidarlo. Tendrás que comprar tu propia gasolina y pagar por el mantenimiento. Tendrás que comprar el seguro. Pero te lo estamos dando. Es tuyo".

Ahora, si realmente esos padres le estuvieran dando ese auto a su hijo, ¿sería de verdad el auto de su hijo o su hija si nunca le permiten manejarlo? Si dijeran: "Lo pondremos en el garaje y podrás mirarlo todas las veces que quieras, después de todo es tuyo, pero nosotros tendremos las llaves. En todo caso, los autos son peligrosos. Podrías hacerte daño a ti mismo o a alguna otra persona, así que nosotros nos quedaremos con las llaves. Si necesitas ir a algún lugar, con gusto te llevaremos. ¡Pero es tu auto! ¡Disfrútalo!"

Puede que ese joven sea dueño del auto y que incluso tenga su propio nombre en la matrícula, pero ¿tendrá *dominio* del auto? No, por supuesto que no. Los padres todavía tienen el control. Los padres están tomando las decisiones. En esencia, en realidad no es cierto que le han dado el auto al hijo o a la hija. Todavía es el auto de los padres.

Pero eso no fue lo que hizo Dios. Él le dio a la humanidad el dominio sobre la tierra y, por tanto, declaró la tierra como la jurisdicción de la humanidad. Dijo: "¡Mira! Hice todo esto y tengo el derecho de darlo, de modo que te lo estoy dando a ti y poniéndote a cargo. Es tuyo para que hagas con ello lo que quieras. Es tuyo para que lo cuides y lo alimentes. ¿Y sabes qué? Ya que es tuyo, no voy a entrar a hacer cosas a menos que me lo pidas. Eso es lo que significa *dominio*, después de todo. Significa que te estoy dando la autoridad sobre ello. No voy a entrar a hacer algo en tu territorio a menos que me lo pidas, o a menos que sea absolutamente necesario que yo intervenga por tu bien o por el bien de todo el planeta, y tendrá que ser una verdadera emergencia para que yo intervenga de esa manera. Tienes *mi palabra*".

Esto es viéndolo de una manera muy simple, pero la iglesia tiene que darse cuenta de que, aunque Dios es la autoridad máxima y soberana, nos ha hecho responsables de nuestra vida y de nuestro mundo. Nos ha dado posesiones y libre albedrío, el poder de elegir qué hacer con lo que Él nos ha dado. Dicha autoridad acarrea responsabilidad. Las elecciones que hacemos son importantes. Tienen consecuencias eternas. Tenemos lo que tenemos hoy debido a las decisiones que se han tomado.

Nuestros hijos y los hijos de ellos sufrirán el impacto de las elecciones que usted y yo hagamos, ya sea que escojamos actuar o no actuar, orar o no orar. Debemos abrazar la responsabilidad que se nos ha dado. Dios está obligado por su propia palabra a no intervenir cada vez que actuemos con irresponsabilidad, o incluso con indolencia. Si Él se presentara y cambiara las cosas cada vez que tomamos una mala decisión, o cuando no tomamos ninguna, entonces realmente no nos habría dado dominio, ¿no es cierto?

El problema es que no demoró mucho tiempo antes de que Adán y Eva tropezaran con su autoridad y se la entregaran a Satanás al desobedecer a Dios. Dios les había dado un mandamiento para que lo cumplieran y pudieran ejercer su autoridad y Satanás los engañó para que incumplieran con su contrato.

Y hubo otro asunto. El ecosistema de la tierra se construyó sobre la base de la obediencia y de hacer lo que es correcto, no sobre la base de la desobediencia y de las elecciones equivocadas. La tierra prosperó y produjo vida cuando se hacía justicia, pero sufrió bajo el pecado. El pecado dio lugar a la corrupción. La tierra gimió y se retorció bajo el pecado. La misma atmósfera cambió.

Algunos científicos cristianos han sugerido que durante la creación la tierra estaba envuelta en una capa de vapor de agua arriba en la estratosfera que habría provocado que toda la tierra fuera algo así como un invernadero gigante, provocando que las temperaturas fueran uniformes en toda la tierra sin importar la estación. Esto significa que no habríamos necesitado el Canal del Tiempo, ya que todos los días serían "soleados con una temperatura de setenta y dos grados", incluso en los polos. Esta atmósfera húmeda habría sido un paraíso tropical, y las plantas no habrían necesitado otra cosa que no fuera la humedad que ya estaba en el aire para regarlas.

Sin embargo, debido a que el pecado amenazó con asfixiar la tierra hasta matarla, esta cubierta de agua "se derramó", dando lugar al diluvio. Esa fue la primera vez que los seres humanos vieron la lluvia, por no mencionar las tormentas y los vientos huracanados que tienen que haber resultado de los rápidos cambios de temperatura. Estos científicos afirman que una vez que dicha cubierta de vapor de agua se rompió, los polos se congelaron en segundos, trayendo como consecuencia que los animales que vivían allí se congelaran al instante, como se cree que sucedió con el mamut lanudo que se encontró congelado en Siberia. El clima no volvió a ser el mismo después del diluvio, pasando por todo tipo de fenómenos, desde nevadas hasta huracanes. La corteza terrestre comenzó a cambiar y a torcerse, causando huracanes y tsunamis. Creo que esta es la vanidad y los gemidos de los que habló Pablo en Romanos 8:

> Porque la creación fue sujetada a vanidad, no por su propia voluntad, sino por causa del que la sujetó en esperanza; porque también la creación misma será libertada de la esclavitud de corrupción, a la libertad gloriosa de los hijos de Dios. Porque sabemos que toda la creación gime a una, y a una está con dolores de parto hasta ahora.
> —ROMANOS 8:20–22

En aquel momento la única respuesta al pecado fue la retribución: "…vida por vida, ojo por ojo, diente por diente, mano por mano, pie por pie, quemadura por quemadura, herida por herida, golpe por golpe" (Éxodo 21:23–25). Fue entonces cuando comenzó el sistema de sacrificios animales, el pecado requería muerte y, debido a que la vida de una criatura está en la sangre, había que derramar sangre para cubrir el pecado: "Porque la vida de la carne en la sangre está, y yo os la he dado para hacer expiación sobre el altar por vuestras almas; y la misma sangre hará expiación de la persona". (Levítico 17:11). Era ciertamente un asunto complicado.

Pero Jesús cambió todo eso. Con su propia sangre pagó el precio del pecado de una vez y para siempre, con una salvedad. El libre albedrío todavía reinaba. Se negó a retirar de la humanidad la jurisdicción que le había dado a través de Adán y Eva. Aunque Jesucristo pagó por nuestros pecados a través de su sangre y su gracia, si nosotros no aceptamos el sacrificio que Él hizo por nosotros, este no nos hará ningún bien ni a nosotros ni a nuestro planeta. Jesús entregó su vida por nosotros y demanda que abandonemos nuestras vidas egoístas y pecaminosas y vayamos en pos de Él. Es únicamente haciendo esto que entramos en el reino de Dios tal como fue diseñado desde el principio. Se nos pide que dejemos nuestra vida pecaminosa de modo que Dios pueda llenarnos con la vida eterna, como afirman las Escrituras:

> Porque de tal manera amó Dios al mundo, que ha dado a su Hijo unigénito, para que todo aquel que en él cree, no se pierda, mas tenga vida eterna. Porque no envió Dios a su Hijo al mundo para condenar al mundo, sino para que el mundo sea salvo por él. El que en él cree, no es condenado; pero el que no cree, ya ha sido condenado, porque no ha creído en el nombre del unigénito Hijo de Dios.
>
> —Juan 3:16–18

Cuando Adán y Eva pecaron, perdieron su jurisdicción sobre las cosas de la tierra y la entregaron a

Satanás, o quizá dicho manera más correcta, al pecado. Donde reinaba el pecado, Satanás, el enemigo de nuestras almas, el adversario, tenía el camino abierto. Como Pablo lo explicó: "Por tanto, como el pecado entró en el mundo por un hombre, y por el pecado la muerte, así la muerte pasó a todos los hombres, por cuanto todos pecaron". (Romanos 5:12). No obstante, en los siguientes versículos continuó:

> Pues si por la transgresión de uno solo reinó la muerte, mucho más reinarán en vida por uno solo, Jesucristo, los que reciben la abundancia de la gracia y del don de la justicia. Así que, como por la transgresión de uno vino la condenación a todos los hombres, de la misma manera por la justicia de uno vino a todos los hombres la justificación de vida. Porque así como por la desobediencia de un hombre los muchos fueron constituidos pecadores, así también por la obediencia de uno, los muchos serán constituidos justos.
>
> —Romanos 5:17–19

Dios no podía cambiar las reglas que había establecido al principio sin quebrantar su propia palabra; sin embargo, por encima de esa palabra estaba su ley. Él tenía el derecho legal de ejercer su soberanía porque su ley le permitía hacerlo sin quebrantar su palabra o sus promesas. Entonces vino Jesús y dio las llaves del reino otra vez a la humanidad a través de aquellos que "han creído en el nombre del unigénito Hijo de Dios" (Juan 3:18). ¡De modo que la tierra anhela la manifestación de los hijos e hijas de Dios porque esa es su salvación! ¡Cuando nos convertimos en lo que Dios nos diseñó y nos llamó a ser, los reinos cambian, el mundo virado al revés se vuelve a enderezar!

Sin embargo, tener jurisdicción legal no significa nada si no se ejerce. Si bien somos nosotros los que en realidad estamos al mando, Satanás anda rondando con documentos falsos, mintiéndole a todo el mundo, diciendo que todavía es él quien manda. Actúa *como* un tipo duro, *como* un león rugiente. "Vuestro adversario el diablo, *como* león rugiente, anda alrededor buscando a quien devorar" (1 Pedro 5:8, énfasis añadido). Pero si bien actúa *como* si lo fuera, de hecho *no* es un león, y *no* está a cargo de ninguna de las cosas de la tierra. Solo tenemos que resistirlo y se verá obligado a huir (v. 9). Es por eso que sus armas principales son el engaño, la ignorancia y los malentendidos. Solo puede lograr lo que quiere engañando a otros para que ejerzan su autoridad para lograr lo que él quiere. Tristemente tiene mucho éxito en esto.

¿Por qué? Porque muy pocos se paran delante

del trono celestial y lo llaman como el impostor y el farsante que es. Cedemos nuestra autoridad y jurisdicción ya sea porque no nos gusta orar tanto, porque estamos engañados acerca de nuestro verdadero poder y autoridad, porque estamos atrapados en las tradiciones de los hombres con expresiones vacías de nuestra religión y llamados, o porque no conocemos la "ley de Dios", la Biblia, el manual santo que Dios nos ha dejado y su última palabra en todo asunto que haya que decidir. Entonces nos volvemos tan inútiles como un abogado que no conoce la ley.

Sin embargo, los sistemas legales en el mundo occidental están basados en los patrones de la Biblia para tomar decisiones justas y dictar sentencias correctas. Tan bien como hemos podido hacerlo, hemos tratado de imitar en nuestras cortes de justicia lo que sucede delante del trono del juicio de Dios. Es por eso que podemos considerar nuestros sistemas legales como un modelo de interceder por otros. Charles Finney se entrenó para ser abogado antes de convertirse en predicador y dicho entrenamiento fue crucial para sus avivamientos. Discutía el caso de la salvación de las personas delante de ellos mismos como si fuera un abogado y ellos fueran el jurado que tenía que decidir sus propios casos. Estoy seguro de que hizo lo mismo en oración, asumiendo una posición valiente basada en el conocimiento de la Biblia y presentándose ante Dios para pelear con tal convicción por las almas de otros que incluso algunas veces se sorprendió a sí mismo con demandas tan insistentes que se preguntaba si no estaría demasiado confiado o hasta a punto de ser irrespetuoso. Según sus propias palabras:

> Me encontraba tan preocupado y abatido por el peso de las almas inmortales, que era constreñido a orar sin cesar. Tuve algunas experiencias que, de hecho, me alarmaron. A veces venía sobre mí un espíritu de importunidad para que orara a Dios diciéndole que Él había prometido contestar a la oración y que no podría negarme lo que pedía. Estaba tan seguro de que me oiría, y de que la fidelidad a sus promesas y a sí mismo hacían imposible que no escuchara y respondiera, que con frecuencia me encontraba diciéndole: "Espero que no pienses que se me puede negar. Vengo con tus fieles promesas en mis manos, y no me lo puedes negar". No puedo describir cuán obstinado y convencido estaba, en mi mente, de que Dios contestaría la oración, aquellas oraciones que, día tras día, hora tras hora, me encontraba ofreciendo con tal agonía y fe. No tenía idea de la forma que tomaría la respuesta, el lugar en que las oraciones

serían contestadas, o el tiempo correcto de la respuesta. Mi impresión era que la respuesta estaba muy próxima, a la misma puerta.[10]

Esto, amigos, es de lo que se trata la intercesión. Es interceder por otros en la corte del cielo basándonos en las mismas leyes y en la Palabra que Dios nos ha dado para que vengamos ante Él y le pidamos que su reino se manifieste en la tierra. Es un deber de cada cristiano y es nuestro derecho como hijos del Rey. Él no entrará donde no se le invite, e incluso si se le invita hay que hacerlo de una manera en que no quepa duda, ni vacilación, ni titubeos.

Hermanos y hermanas, es hora de que nos levantemos en la corte del cielo en nombre de los pueblos de la tierra, especialmente en nombre de aquellos que todavía no saben cómo levantarse ellos mismos en esa corte. Pero si queremos ganar los casos que presentemos, tenemos que conocer la ley, tenemos que ir a Dios con su Palabra y agarrar sus promesas con ambas manos.

Es hora de que vayamos a la escuela de Derecho.

EL REY AL QUE SERVIMOS

Información secreta sobre el juez de la Corte Suprema

De cierto, de cierto os digo: El que en mí cree, las obras que yo hago, él las hará también; y aun mayores hará, porque yo voy al Padre. Y todo lo que pidiereis al Padre en mi nombre, lo haré, para que el Padre sea glorificado en el Hijo. Si algo pidiereis en mi nombre, yo lo haré.

Juan 14:12–14

La fe está fundamentada en el conocimiento de una persona.[1]

Oswald Chambers

Todos los sistemas legales se basan en la autoridad de su gobierno y en el ejercicio de la ley. En el reino celestial también es así. Sin embargo, si los líderes del gobierno son corruptos, las cosas serán de otra manera. La ley se pervertirá y se corromperá. También está el tema de las jurisdicciones, usted no va a la División de Vehículos Motorizados si su casa se ha quebrado en dos, no solicita un permiso de construcción a la legislatura del estado y no llama al Servicio de Rentas Internas para sugerir una nueva ley. Cada rama, departamento, agencia y administración tiene sus propias responsabilidades, jurisdicción y limitaciones. En esencia, no podemos esperar que los oficiales del gobierno hagan algo que no se les ha designado. Como sucede con los seres humanos, podemos considerarnos dichosos si los políticos hacen lo que prometieron cuando los elegimos, eso para no hablar de la milla extra que prometieron caminar con nosotros. Siempre existen maneras de luchar por lo que queremos y de navegar por la burocracia para obtener lo que justamente nos pertenece. Pero si no conoce el sistema, hay grandes probabilidades de que nunca obtenga ni siquiera aquello que fue designado para usted.

Si bien el reino celestial es ciertamente diferente, Santiago nos dice que: "No tenéis lo que deseáis, porque no pedís. Pedís, y no recibís, porque pedís mal, para gastar en vuestros deleites". (Santiago 4:2–3). *Mal* aquí significa de la forma equivocada o por los motivos erróneos. Deseos egoístas basados en nuestra propia lujuria, para complacernos a nosotros mismos o corromper nuestra naturaleza, no llegan a tener ni siquiera una audiencia en el cielo. No forma parte de la naturaleza de Dios darnos cosas que nos destruirán a corto o largo plazo. Su naturaleza es bendecir, no maldecir, como nos dice Santiago 1:17: "Toda buena dádiva y todo don perfecto desciende de lo alto, del Padre de las luces, en el cual no hay mudanza, ni sombra de variación". No hay "bendiciones mezcladas" con Dios.

Sin embargo, al mismo tiempo, muchos ni siquiera piden de primera instancia porque están engañados acerca de quién es Dios. Le tienen miedo o solo ven el lado de su justicia extrema. ("La justicia de Dios" es otro asunto que trataremos con más detalle en otro capítulo, no es lo que la mayoría de las personas piensan que es.) Así como el mayordomo que escondió su talento, piensan: "Señor, te conocía que eres hombre duro, que siegas donde no sembraste y recoges donde no esparciste; por lo cual tuve miedo, y fui y escondí tu talento en la tierra". (Mateo 25:24–25). En vez de invertir su tiempo en oración para lidiar con las cosas que están desgarrando sus corazones, entierran las heridas en la tierra y esconden la cabeza en la arena, e ignoran lo que está sucediendo en las noticias nocturnas, cosas sobre las cuales debíamos estar invitando a Dios para que hiciera algo.

Pero no fue así como Jesús nos enseñó a orar, ni es así como Dios se reveló a sí mismo en las Escrituras. Incluso en el Antiguo Testamento, Dios no ejercía solamente su justicia. Se reveló a sí mismo de una manera muy diferente. De hecho, le dio a Israel nombres para que se dirigieran a Él y que revelaban quién quería ser para ellos.

Dios Altísimo

"Bendito sea Abram del Dios Altísimo, creador de los cielos y de la tierra; y bendito sea el Dios Altísimo, que entregó tus enemigos en tu mano". Y le dio Abram los diezmos de todo.
—Génesis 14:19–20

Y clamando a gran voz, dijo: "¿Qué tienes conmigo, Jesús, Hijo del Dios Altísimo? Te conjuro por Dios que no me atormentes".
—Marcos 5:7

El término hebreo para "Dios Altísimo" es *El Elyon*, que aparece por primera vez en este pasaje de Génesis 14.

La historia aquí es bastante notable y creo que ofrece una buena idea de dónde proviene este nombre de Dios.

En una batalla en el valle de Sidim los ejércitos de Sodoma y Gomorra se retiraron delante de un enemigo más fuerte, dejando su campamento y sus posesiones. El valle estaba lleno de pozos de asfalto y muchos, en el apuro, cayeron en ellos; a otros los capturaron. Entre aquellos que capturaron estaba Lot, el sobrino de Abram, que estaba viviendo en Sodoma en aquella época y, por tanto, formaba parte de su ejército. Cuando Abram escuchó que habían capturado a su sobrino, ideó una misión de rescate. Como resultado, rescató no solo a Lot y sus posesiones sino también a los otros cautivos y tomó los bienes de los reyes de Sodoma y Gomorra.

Al regresar de aquella victoria, Abram se encuentra con una de las figuras más misteriosas en las páginas de la Biblia: Melquisedec, rey de Salem, y sacerdote del Dios Altísimo. Melquisedec recibe a Abram con pan y vino, los elementos de la cena del pacto que Jesús conmemoró en la última cena y que nosotros usamos para recordarlo a Él en la comunión. Es una parte sacramental del pacto de Dios con Abram (también conocido como un "testamento", de ahí que el "Antiguo Testamento", de este pacto con Abram y el "Nuevo Testamento", de nuestro pacto con Dios a través de

Jesucristo se reflejan en esto). Quién era exactamente Melquisedec no se revela en ningún otro lugar de Génesis. De hecho, esta es la única vez que se menciona en toda la Biblia excepto por una breve referencia en el Salmo 110 y en Hebreos 5 y 6 donde el escritor cita el Salmo 110 y habla de Jesús como el "Sumo Sacerdote 'según el orden de Melquisedec'" (Hebreos 5:10). Algunos incluso creen que Melquisedec es Jesús manifestándose a sí mismo a Abraham como representante del pacto que un día sellaría con su propia sangre. (Este también es el primer lugar en la Biblia donde se menciona el diezmo, cuando Abraham entrega el diezmo a Melquisedec de todos los despojos que ganó en la batalla).

Melquisedec es sacerdote del "Dios Altísimo", de *El Elyon*, y se encuentra con Abram para que Abram pueda reconocer que la fuerza con la que derrotó a ese ejército fue de Dios, no de él. Melquisedec lo llama "Abram del Dios Altísimo" de modo que él supiera que fue Dios, el Dios sobre todos los dioses y el Rey sobre todos los reyes, el que ganó la victoria para él aquel día, una victoria que Abram y sus sirvientes ganaron pero las fuerzas aliadas de cinco reyes no pudieron obtener.

Este nombre nos dice que no hay poder, principado, autoridad, o "dios" que sea más grande que el Dios de Abraham, Isaac y Jacob. Por medio del rey de Salem, o *shalom*, "paz", Dios proclama su poder a Abram y Abram se inclina ante tal fortaleza, entregando los diezmos a su sacerdote y compartiendo la cena del pacto con su representante. En esto Dios nos muestra que: "No hay como Jehová nuestro Dios" (Éxodo 8:10).

DIOS TODOPODEROSO

Era Abram de edad de noventa y nueve años, cuando le apareció Jehová y le dijo: "Yo soy el Dios Todopoderoso; anda delante de mí y sé perfecto".

—GÉNESIS 17:1

"Yo soy el Alfa y la Omega, principio y fin, dice el Señor, el que es y que era y que ha de venir, el Todopoderoso".

—APOCALIPSIS 1:8

Algunos capítulos más adelante Dios se aparece otra vez a Abraham y se anuncia como *El Shaddai*, "Dios Todopoderoso". En esta ocasión, sin embargo, Dios no solo se declara a sí mismo por encima de todos los dioses y, por tanto, capaz de derrotarlos a ellos y a todos los que los siguen, sino que también está anunciando que Él es el Dios de la creación y que está por encima de todas las leyes naturales de la creación. De la esposa de Abram, Sarai, que es estéril, Dios le dará un hijo a Abram, para que su descendencia continúe. No solo es Dios Altísimo; también es Dios Todopoderoso, no existe nada que Él no tenga poder para hacer o para cambiar.

El Dios eterno

Y plantó Abraham un árbol tamarisco en Beer-seba, e invocó allí el nombre de Jehová Dios eterno.
—Génesis 21:33

Jesucristo es el mismo ayer, y hoy, y por los siglos.
—Hebreos 13:8

En Génesis 21 conocemos a Dios como el Eterno e Imperecedero: *El Olam*, Dios Eterno. Es Dios que no cambia, que siempre ha sido y siempre será. Es el precursor del nombre *Jehová*, "Yo Soy", el Dios que está en todos los momentos, pasados, presentes y futuros, el Dios que todo lo ve, todo lo sabe y puede hacer lo que crea conveniente hacer sin limitación alguna.

La provisión del Señor se verá

Y llamó Abraham el nombre de aquel lugar, Jehová proveerá.[a] Por tanto se dice hoy: "En el monte de Jehová será provisto".

—Génesis 22:14

Y poderoso es Dios para hacer que abunde en vosotros toda gracia, a fin de que, teniendo siempre en todas las cosas todo lo suficiente, abundéis para toda buena obra.

—2 Corintios 9:8

Y como si el poder y la autoridad no fueran suficientes, Dios continúa diciéndonos lo que Él es para nosotros en términos más específicos. Lo siguiente lo encontramos en Génesis 22, como parte de la historia cuando Dios llama a Abraham para que sacrifique a su heredero, Isaac, en la cima de la montaña. Abraham lleva a Isaac hasta la cima de la montaña creyendo que incluso si tiene que llegar al punto de sacrificar a Isaac, "Dios es poderoso para levantar aun de entre los muertos" (Hebreos 11:19) si fuese necesario para cumplir la promesa de que "en Isaac te será llamada descendencia" (Génesis 21:12). Sin embargo, en vez de devolverle la vida a Isaac, Dios detiene la mano de Abraham y le muestra un carnero trabado en un zarzal para que lo usara como ofrenda en lugar de su hijo.

En ese instante Abraham mira al cielo y llama aquel lugar por el nombre que Dios le inspira en aquel momento: *Jehová Jireh*, "El Dios Proveedor", o como muchos lo parafrasean: "Dios mi Proveedor". En medio del desierto, cuando Abraham tenía una necesidad, Dios proveía para él. ¿Existe alguna razón para pensar que Dios es menos proveedor en la actualidad?

Dios sana

Si oyeres atentamente la voz de Jehová tu Dios, e hicieres lo recto delante de sus ojos, y dieres oído a sus mandamientos, y guardares todos sus estatutos, ninguna enfermedad de las que envié a los egipcios te enviaré a ti; porque yo soy Jehová tu sanador.

—Éxodo 15:26

Quien llevó él mismo nuestros pecados en su cuerpo sobre el madero, para que nosotros, estando muertos a los pecados, vivamos a la justicia; y por cuya herida fuisteis sanados.

—1 Pedro 2:24

Éxodo 15:26 declara que Dios es *Jehová Rafa*, "El Dios que nos sana". Dios no pone enfermedades en sus hijos para enseñarles cosas. ¡Eso es absurdo! Él es un Padre amoroso. Supongamos que hay un padre que es médico y tiene acceso a los terroríficos cultivos del virus de la polio, ¿qué pensaría de él si usara ese virus en su hijo porque el chico nunca quería sentarse a hacer sus deberes? Pensaría que es un monstruo, ¿no es cierto? ¡No un padre amoroso! Bien, si eso es verdad, entonces lo mismo se cumple con nuestro Padre celestial. Vivimos en territorio enemigo, donde la enfermedad es un arma que usa el enemigo para abrir fuego contra la humanidad. Ciertamente Dios puede enseñarlo y fortalecerlo a través de la enfermedad, pero no es el que ocasionó la enfermedad, así como el médico no causaría la enfermedad con tal de que usted fuera en busca de tratamiento.

Ciertamente la enfermedad y el dolor habitan en este mundo actual debido al pecado y, en ocasiones, la enfermedad se produce como un resultado directo de nuestro pecado: fumar produce cáncer de pulmón, la promiscuidad puede conducir a contraer enfermedades de transmisión sexual, la glotonería está directamente conectada con las enfermedades del corazón y la preocupación puede elevar la presión arterial pero, en otras ocasiones, la enfermedad se hace presente con independencia de nuestras elecciones o ya sea que la "merezcamos" o no. Mire, por ejemplo, el hombre que nació ciego y la pregunta que le hacen a Jesús con respecto a él en Juan 9:2: "Rabí, ¿quién pecó, éste o sus padres, para que haya nacido ciego?". ¿Cuál fue la respuesta de Jesús?

> No es que pecó éste, ni sus padres, sino para que las obras de Dios se manifiesten en él. Me es necesario hacer las obras del que me envió, entre tanto que el día dura; la noche viene, cuando nadie puede trabajar. Entre tanto que estoy en el mundo, luz soy del mundo.
>
> —Juan 9:3–5

En otras palabras, su ceguera no era el resultado directo del pecado y no creo que Jesús estuviera diciendo que había nacido ciego para que Él pudiera llegar aquel día y sanarlo, para la gloria de Dios. Creo que los signos de puntuación están en el lugar equivocado. (En el griego original no se usaban signos de puntuación; los traductores modernos insertaron puntos y comas para que fuera más fácil de leer). Este pasaje se lee de manera muy diferente si usted coloca un punto en vez de una coma después de "pecó" y luego una coma después de la palabra "él" al final de la oración. Se leería así: "No es que pecó éste, ni sus padres. Sino para que las obras de Dios se manifiesten en él. Me es necesario hacer las obras del que me envió". Aquí Jesús no está interesado en la causa y el efecto, porque no hay ninguno, ¡sino que está interesado en la sanidad! Dios no es el que pone enfermedades en las personas, pero cuando venimos a Él con fe, permaneciendo en su Espíritu y con su Palabra permaneciendo en nosotros, entonces Él es *Jehová Rafa*: "El Dios que nos sana".

DIOS MI ESTANDARTE

> Y Moisés edificó un altar, y llamó su nombre Jehová-nisi; y dijo: "Por cuanto la mano de Amalec se levantó contra el trono de Jehová, Jehová tendrá guerra con Amalec de generación en generación".
> —ÉXODO 17:15–16

> Mas gracias sean dadas a Dios, que nos da la victoria por medio de nuestro Señor Jesucristo.
> —1 CORINTIOS 15:57

Cuando las tropas marchaban a la batalla en épocas antiguas, el ejército siempre llevaba estandartes, o lo que hoy se conoce como banderas, de la nación y de las unidades delante de cada división. Significaba lo que eran y aquello que representaban. No representaban un pedazo de tela, sino que aquel pedazo de tela representaba quiénes eran como pueblo. Los estandartes cuentan una historia: los colores, las rayas, las estrellas u otros emblemas, todos tienen un significado. Son tan importantes que todos recordamos importantes momentos en los que llevamos nuestras banderas a la batalla, como el monumento de la bandera izada en Iwo Jima durante la Segunda Guerra Mundial, o recordamos la escena de la película *Gloria* cuando Denzel Washington recoge la bandera de la Unión cuando el hombre que la portaba la dejó caer y concentra las tropas para emprender una nueva acometida en Fort Wagner.

Jehová Nissi: "El Señor es mi estandarte", significa que en esta tierra estamos inmersos en una batalla contra la maldad y que hacer el bien es nuestra misión en el nombre del Señor Jesucristo, el grito de nuestra batalla. En los días del Ejército de Salvación ellos marchaban bajo una bandera que tenía la siguiente inscripción "Sangre y fuego", lo que simbolizaba que iban a triunfar en el nombre del Señor Jesús y por el fuego del Espíritu Santo.

Al enfrentar los problemas de la actualidad e interceder por aquellos que no pueden o no saben cómo orar por ellos mismos, necesitamos recordar el estandarte bajo el cual nos acercamos al trono, el mismísimo nombre de Dios.

El Señor que santifica

> Tú hablarás a los hijos de Israel, diciendo: "En verdad vosotros guardaréis mis días de reposo; porque es señal entre mí y vosotros por vuestras generaciones, para que sepáis que yo soy Jehová que os santifico".
>
> —Éxodo 31:13

> Por tanto, no te avergüences de dar testimonio de nuestro Señor, ni de mí, preso suyo, sino participa de las aflicciones por el evangelio según el poder de Dios, quien nos salvó y llamó con llamamiento santo, no conforme a nuestras obras, sino según el propósito suyo y la gracia que nos fue dada en Cristo Jesús antes de los tiempos de los siglos.
>
> —2 Timoteo 1:8–9

Durante siglos e incluso en la actualidad el pueblo hebreo se ha distinguido del resto del mundo por su práctica de guardar el Sabbat, el período que comienza cuando el sol se pone el viernes por la noche y que termina cuando el sol se pone el sábado. Era un tiempo para descansar, sí, pero también comenzaba con una ceremonia de bendición en la que los padres, en especial el padre, declaraban una bendición sobre sus hijos.

Hace poco escuché una historia de una joven con un gran futuro en una firma de abogados que, sin importar la cantidad de trabajo que hubiera que hacer antes de la siguiente semana, salía de la oficina un poco antes todos los viernes por la tarde. Esta joven era muy responsable y también muy cortés, y de buenos modales, de modo que sus colegas se sorprendían cuando estaban reunidos tratando asuntos muy importantes y ella simplemente recogía sus cosas y se iba, incluso en medio de importantes reuniones del viernes por la tarde. Cierto día uno de sus colegas le preguntó acerca de esta práctica. Ella respondió: "Tengo que salir temprano porque debo manejar dos horas hasta llegar a la casa de mis padres para nuestra cena del Sabbat". "¿Eres así de religiosa?", preguntó el compañero. "Oh, no se trata de religión. Eso no me interesa tanto. Voy para escuchar a mi padre declarar su bendición sobre mí. Cada viernes en la noche me toma en sus brazos y declara su bendición sobre mí para esa semana. No puedo vivir sin ellas. No sería la persona que soy hoy sin escuchar esas bendiciones que mi padre declara sobre mí cada semana".

La palabra *santificación* significa "apartar algo para un propósito especial". Denota separar algo para hacerlo especial. La palabra griega para "iglesia" es *ecclesia*, que significa "los llamados a apartarse". Hemos sido llamados para apartarnos de los problemas y de las limitaciones de este mundo con el objetivo de ser usados para el bien, como catalizadores de los cambios positivos y como un pueblo que busca establecer la ciudad de Dios en la tierra. "El Dios que santifica", *Jehová M'kaddesh*, es el Dios que nos ha llamado a salir del caos del sistema de este mundo para manifestar su gracia y poder transformador.

El Señor es paz

> Y edificó allí Gedeón altar a Jehová, y lo llamó Jehová-salom.
> —Jueces 6:24

> Por nada estéis afanosos, sino sean conocidas vuestras peticiones delante de Dios en toda oración y ruego, con acción de gracias. Y la paz de Dios, que sobrepasa todo entendimiento, guardará vuestros corazones y vuestros pensamientos en Cristo Jesús.
> —Filipenses 4:6–7

Jehová-salom, "El Señor es paz" es nuestra garantía en tiempos de problemas y conflictos. Muchas personas piensan en los tratados de paz cuando escuchan la palabra paz: un acuerdo para el cese del fuego y el término de las hostilidades entre grupos diferentes. Sin embargo, la palabra hebrea *shalom* significa mucho más. Según el *Vine's Complete Expository Dictionary of Old and New Testament Words*, *shalom* representa una:

> ...relación...de armonía y plenitud, que es lo opuesto a un estado de guerra y conflicto... Shalom como un estado armonioso de la mente y el alma conlleva al desarrollo de las facultades y los poderes. La sensación de estar en paz se experimenta tanto externa como internamente... Shalom también significa "paz", indicando una relación prospera entre dos o más partes.[2]

No solo es una paz donde hay ausencia de un conflicto abierto, sino que *shalom* también es una relación de buena voluntad genuina y de amor fraternal hacia la otra parte. Es una actitud de querer bendecir al otro, sin importar lo que implique. Es otra palabra indispensable cuando se debaten las actitudes del uno hacia el otro en una relación de pacto. ¡Si tan solo más de nuestros matrimonios se basaran en esta clase de paz en vez de simplemente en una coexistencia sin confrontaciones!

El Señor de los ejércitos

Y todos los años aquel varón subía de su ciudad
para adorar y para ofrecer sacrificios a Jehová de
los ejércitos en Silo.
—1 Samuel 1:3

¿Acaso piensas que no puedo ahora orar a mi
Padre, y que él no me daría más de doce le-
giones de ángeles?
—Mateo 26:53

Jehová Sabaot, o "El Señor de los ejércitos" significa
las legiones de ángeles que Dios tiene a su disposición
para hacer su voluntad. A diferencia del diablo, con
quien una tercera parte de los ángeles cayeron cuando
lo siguieron, Dios es creador, de modo que si necesita
más ángeles, siempre puede crearlos, mientras que Satanás no tiene tal poder. En otras palabras, si Dios
necesita enviar a un ángel para que realice una tarea de-
terminada en respuesta a sus oraciones, nunca le faltará
"personal" para asegurar que el trabajo se realice.

El Señor es mi pastor

Jehová es mi pastor; nada me faltará.
En lugares de delicados pastos me hará
    descansar;

Junto a aguas de reposo me pastoreará.

Confortará mi alma;

Me guiará por sendas de justicia por amor de
su nombre.

Aunque ande en valle de sombra de muerte,

No temeré mal alguno, porque tú estarás
conmigo;

Tu vara y tu cayado me infundirán aliento.

Aderezas mesa delante de mí en presencia de
mis angustiadores;

Unges mi cabeza con aceite; mi copa está
rebosando.

Ciertamente el bien y la misericordia me
seguirán todos los días de mi vida,

Y en la casa de Jehová moraré por largos días.

—Salmo 23:1–6

Cuando ha sacado fuera todas las propias, va delante de ellas; y las ovejas le siguen, porque conocen su voz.

—Juan 10:4

El cuadro de David en el Salmo 23 de "El Señor es mi pastor", *Jehová Rohi*, es uno de los más conmovedores de las Escrituras. Representa al Dios que nos conduce y nos guía a los pastos delicados, a las aguas delicadas y más allá del valle de sombra de muerte. Dispone las cosas de modo que nuestros enemigos celebren banquetes en nuestro honor, nos unge con el Espíritu Santo y hace que la bondad y la misericordia nos sigan todos los días de nuestra vida. A través de la oración escuchamos su voz y, por tanto, su guía. Como lo describió Oswald Chambers: "Cuando estableces una relación correcta con el Señor, tienes una vida de libertad y gozo, tú eres la voluntad de Dios y todas tus decisiones que se basan en el sentido común son verdaderamente su voluntad para ti".[3] Es una relación radical con Dios que solo tiene lugar cuando se establece una amistad con Él como la que tuvieron Abraham, Moisés, David, o Pablo, individuos todos dedicados a la oración intercesora.

Dios nuestra justicia

En sus días será salvo Judá,
e Israel habitará confiado;
y este será su nombre con el cual le llamarán:
Jehová, justicia nuestra.

—Jeremías 23:6

Al que no conoció pecado, por nosotros lo hizo pecado, para que nosotros fuésemos hechos justicia de Dios en él.

—2 Corintios 5:21

La palabra *justo* ha tenido una mala interpretación a lo largo de los años. Demasiadas personas en la actualidad creen que esta palabra se define por una lista de las cosas a las cuales nos oponemos y no por una forma de ser. Los "hacedores" de este mundo la han secuestrado y la han convertido en la justificación del odio hacia los marginados o incluso hacia los ricos. Se ha convertido en propiedad de los políticos, escondida debajo de la superficie, pero personificada en todos los discursos, los libros o los programas de televisión que tratan acerca de la "justicia" de nuestro lado y de la injusticia del otro. Esta "jus-ti-cia" se usa una y otra vez para dividir, manipular y explotar. Nos convertimos en piezas de una maquinaria que otra persona está operando.

Sin embargo, el verdadero poder de la palabra *justicia* no se relaciona con los hechos, las verdades o las plataformas, sino que se relaciona con las otras personas y con Dios. Se funda sobre el precepto de ser justo con Dios, la cualidad de estar en una relación justa con Él es la justicia. El problema al que nos enfrentamos es que es más fácil estar en línea con, (o ser "justo" con) un principio estático que ser justo con un Dios viviente. Los principios acerca de lo que es justo y lo que no lo es son como los encendedores de las luces, están en la posición de apagado o de encendido; las cosas son buenas o malas. Mientras que el pecado es malo y corrompe al individuo, un Dios bueno tiene el poder de ver lo que hay en la vida de la persona y ofrecerse para perdonarlo y traerlo de nuevo a la "posición de justicia", de vuelta a la relación. Es la extensión del cetro del juez supremo de la tierra a la persona que llega a la corte sin permiso. No es que el Rey sea ciego a la ofensa, sino que viendo la ofensa escoge otorgar el perdón porque la deuda de la ofensa ya ha sido pagada.

No hay un ejemplo mejor de "El Señor nuestra justicia", *Jehová Tsidkenu* en la lengua hebrea, que Jesucristo, quien llevó nuestro pecado sobre sí mismo "para que nosotros fuésemos hechos justicia de Dios en él" (2 Corintios 5:21). La cortina que dividía el lugar santísimo se rasgó de arriba hacia abajo para mostrar que ya no estábamos separados de la presencia de Dios. El sacrificio de Jesús en la cruz abrió la puerta del trono de Dios a todo el que quiera entrar. La relación con nuestro Padre se restableció. Pero nuestra justicia no se basa en nuestros propios hechos, conducta, o en creer las cosas correctas, se basa en lo que hizo Jesús. Solo en Él somos justos y capaces de entrar a la corte de los cielos para presentar nuestro caso delante del Rey y juez supremo. De modo que Dios *es* nuestra justicia; Él mismo es la razón por la que podemos acercarnos al

trono y es la respuesta justa y esencial de toda pregunta
que se haga.

EL SEÑOR ESTÁ PRESENTE

> En derredor tendrá dieciocho mil cañas. Y
> el nombre de la ciudad desde aquel día será:
> JEHOVÁ-SAMA.
> —EZEQUIEL 48:35

> Sean vuestras costumbres sin avaricia, contentos
> con lo que tenéis ahora; porque él dijo: No te de-
> sampararé, ni te dejaré; de manera que podemos
> decir confiadamente: "El Señor es mi ayudador;
> no temeré lo que me pueda hacer el hombre".
> —HEBREOS 13:5–6

El nombre *Jehová Shammah* se refiere no solo a la om-
nipresencia de Dios sino también a su proximidad a
cualquier asunto con el que estemos lidiando. El pasaje de Ezequiel que está arriba habla de una ciudad fu-
tura que se llamará "El Señor está allí" para representar
que la presencia de Dios estará siempre en esa ciudad.
Sin embargo, siglos después Agustín tomó el término
"Ciudad de Dios" para representar no a una ciudad
sino a un grupo de personas. Él comparó la "Ciudad
de Dios" en la tierra con la "Ciudad del Hombre", para

contraponer las maneras de proceder de Dios con las maneras de proceder de los hombres. De modo que se refería a las personas que daban la bienvenida y abrazaban la presencia de Dios versus aquellos que la rechazaban y querían andar en sus propios caminos.

Si bien en la presencia de Dios hay sanidad, libertad y plenitud, con mucha frecuencia olvidamos que también es un lugar de convicción, quebrantamiento y renovación. Como un atleta "siente que se quema" a medida que se elimina la grasa y se construyen los músculos, así el estar en la presencia de Dios quema el cáncer del pecado para construir nuestras actitudes y habilidades espirituales. Ir a ese lugar de intercesión es semejante a ir al gimnasio para nuestros espíritus humanos. Hay un momento en el que usted "siente que se quema" y le gusta, pero al mismo tiempo sabe que hay "libras no deseadas" que se están quemando en el proceso. En el proceso nosotros:

> …despojémonos de todo peso y del pecado que nos asedia, y…corramos con paciencia la carrera que tenemos por delante, puestos los ojos en Jesús, el autor y consumador de la fe, el cual por el gozo puesto delante de él sufrió la cruz, menospreciando el oprobio, y se sentó a la diestra del trono de Dios.
> —HEBREOS 12:1–2

Si desarrolláramos el sentido de la presencia de Dios con nosotros en todo momento, a dondequiera que vamos, de hecho nos convertiríamos en agentes radicales de cambio de Dios. Ciertamente la mayoría de nosotros conoce lo que se siente cuando uno está en la iglesia y experimenta la presencia de Dios, pero ¿qué hay de nuestros trabajos, de nuestros hogares, o de cuando caminamos por nuestras comunidades? Dios no está en menor proporción allí de lo que lo está en la iglesia. Tal vez no es lo que Dios está haciendo lo que necesita cambiar, sino lo que nosotros estamos haciendo. Este es ciertamente un aspecto en el que tenemos que pedir a Dios en su nombre.

En su nombre

Entonces, ¿por qué nos muestra Dios todos estos nombres? *Porque su intención es ser todas esas cosas para usted y para mí:* provisión, presencia, poder, esperanza, sanidad, guía, justicia, paz, ayuda, santificación y victoria. Y es el juez que preside la corte del cielo. Cuando nos acercamos a Él, Dios quiere que lo veamos como lo que es, que comprendamos su identidad, y que no nos enfoquemos en nuestras debilidades o necesidades. Esto nos capacita para sacar los ojos del problema y, en vez de ello, fijarlos en la solución. ¿Usted o alguien que conoce necesita ayuda o guía en asuntos financieros? Busque a *Jehová Jireh*. ¿Usted o alguien que conoce necesita sanidad? Busque a *Jehová Rafa*. ¿Conoce a alguien que necesite alcanzar la victoria en su vida? Busque a *Jehová Nissi*. Después de todo, lo que necesitamos para salir adelante es a Dios, no solo a su provisión.

Creo que fue por eso que Jesús nos dijo que oráramos en su nombre, porque su nombre lleva consigo la autoridad de su Padre y, como Él mismo lo dice: "El que me ha visto a mí, ha visto al Padre" (Juan 14:9). Es a través de Jesús que hemos recibido el derecho de acercarnos a Dios, porque Él es el que nos hizo justos delante de Dios. Él quiere que seamos sus representantes fructíferos en la tierra. Tal como lo dijo a sus discípulos:

> Yo os elegí a vosotros, y os he puesto para que vayáis y llevéis fruto, y vuestro fruto permanezca; para que todo lo que pidiereis al Padre en mi nombre, él os lo dé.
> —JUAN 15:16

En todo caso, saque de su cabeza la idea de que Dios es un anciano cascarrabias sentado en su trono en busca de personas para castigar. Dios simplemente no es esa clase de juez. Está buscando personas para vindicarlas. Está buscando personas en las que pueda mostrar su fortaleza. La fe se basa al menos parcialmente en saber que "Dios… es galardonador de los que le buscan" (Hebreos 11:6). Y permítame decirle, eso es exactamente lo que son los intercesores: buscadores diligentes de Dios.

Entonces, ahora que sabe quién es, ¿cómo se preparará usted, así como lo hizo Ester, para entrar a la corte real?

VESTIDO PARA TRIUNFAR

Vestido de justicia

*En gran manera me gozaré en Jehová, mi alma se
alegrará en mi Dios; porque me vistió con vestiduras de
salvación, me rodeó de manto de justicia, como a novio
me atavió, y como a novia adornada con sus joyas.*

ISAÍAS 61:10

*El Espíritu Santo no fluye a través de
métodos, sino a través de hombres. No está en
las máquinas, sino en los hombres. No unge
planes, sino hombres, hombres de oración.*[1]

E. M. BOUNDS

Uno más Dios es mayoría.

AUTOR DESCONOCIDO

Hacer una entrada formal tiene algunos requisitos. Cuando Ester se vistió para venir delante del rey Asuero, no se estaba vistiendo solo para una cena romántica en casa, tan inusual como eso pueda sonar. No, se estaba preparando a sí misma como embajadora que estaba a punto de hablar con un rey en nombre de su pueblo. En la preparación, no solo escogió su mejor vestido y se aseguró de que el maquillaje estuviera perfecto. Ayuno y oró tres días antes de venir. Vino con un plan de acción. Estaba dispuesta a dedicar tanto tiempo al rey que al final sería él quien le iba a preguntar cuál era su petición en vez de tener que introducir ella el tema. No iba a ser rechazada. Utilizaría todas las artimañas que conocía para que el rey le concediera su petición.

No resulta difícil darse cuenta de que esto es muy diferente a la manera en que la mayoría de nosotros se acerca actualmente a la oración. No hay duda de que Dios desea que nos acerquemos a Él cada día, así como somos, pero también hay algo que debemos saber acerca de venir a orar con un plan de largo alcance y entrar como un embajador diplomático o como un abogado en representación de un cliente. Aquellos que tienen las vidas de oración más exitosas y plenas no son los que solo oran cuando aparece algún problema. Para ellos, estar vivo es orar. El gran reformador Martín Lutero lo dijo de esta forma: "Ser un cristiano sin oración es tan imposible como estar vivo sin respirar".[2] Andrew Murray escribió: "La oración es el pulso de la vida; según ella el médico puede diagnosticar cuál es la condición del corazón".[3] La oración no es algo que añadimos a nuestro cristianismo; ella y las Escrituras son las raíces primarias por las que nuestro cristianismo es real. ¿Cómo podemos esperar hacer la voluntad del cielo si nunca estamos en comunicación con él? ¿Cómo vamos a obedecer a Dios si no podemos descifrar lo que nos está diciendo?

La intercesión es la clase de oración obstinada y persistente que viene ante el Padre una y otra vez hasta que se gana una seguridad de la respuesta en el espíritu. Es una petición formal que tiene un peso oficial. Puede ser un asalto continuo, con ayuno y oración toda la noche, o puede ser un sitio del cielo que tiene lugar día tras día, semana tras semana, año tras año, hasta que Dios mismo le da la seguridad de que se ha ocupado del asunto, sea que la respuesta ya se haya manifestado en el mundo real o no.

Según el guerrero de oración Rees Howells, la intercesión se compone de tres cosas: (1) una identificación intensa con aquellos por los que está intercediendo, (2) la agonía de permanecer en oración hasta ganar la batalla y obtener la liberación en el espíritu del intercesor y (3) la autoridad que se gana cuando "se gana la intercesión".[4] El ejemplo más grande de esta identificación es la forma en que Jesús vino a la tierra como ser humano. Nació como un niño frágil y vulnerable y pagó por el pecado de la humanidad con cada golpe y cada azote que recibió del látigo de los soldados romanos, solo para luego sufrir la agonía de la cruz. En cualquiera de esos momentos pudo haber llamado a legiones de ángeles para que lo rescataran, pero no lo hizo. Había un propósito mayor en su encarnación. Continuó siendo humano hasta el final, permaneciendo en intercesión, y sufrió cada herida en nuestro lugar hasta que "se consumó".

Moisés hacía lo mismo cuando oraba, ofreciéndose a sí mismo en lugar del pueblo de Israel, parándose entre ellos y el juicio que merecían:

> Entonces volvió Moisés a Jehová, y dijo: "Te ruego, pues este pueblo ha cometido un gran pecado, porque se hicieron dioses de oro, que perdones ahora su pecado, y si no, ráeme ahora de tu libro que has escrito".
>
> —Éxodo 32:31–32

Ahora que Jesús ha pagado por el pecado, nuestra intercesión es en el espíritu para estar en concordancia con la cruz y recordar que la deuda ya ha sido pagada en su totalidad. Solo tenemos que permanecer en pie hasta que la luz de Cristo se derrame en cualquier situación.

El cuadro de Jesús en la cruz, el Jesús que llevó el pecado, no es el mismo cuadro de Jesús que vemos cuando le dice a sus discípulos que dejen que los niños se acerquen a Él: "Dejad a los niños venir a mí, y no se lo impidáis; porque de los tales es el reino de los cielos" (Mateo 19:14). No, en vez de esto, este es un Jesús horrorizado por la maldad y que comprende enteramente el poder corruptible del pecado. Oswald Chambers describió a este Cristo molesto e intransigente con estas palabras:

> Existe un rasgo en Jesús que desconsuela a sus discípulos en lo más profundo de su corazón y deja sin aliento toda su vida espiritual. Esta persona rara, que tiene su rostro "como un pedernal" (Isaías 50:7), camina delante "de mí con tal determinación que me aterroriza. Ya no parece mi Consejero ni mi Amigo y mira las cosas desde un punto de vista del cual no sé nada. Me deja pasmado. Al comienzo tenía la confianza de que lo conocía, pero ahora ya no estoy muy seguro. Empiezo a darme cuenta de que Jesús y yo estamos distanciados y ya no puedo intimar con Él. No tengo idea sobre el lugar hacia donde

se dirige y la meta se ha vuelto extrañamente distante.

Jesucristo tuvo que entender completamente todo pecado y toda aflicción que los seres humanos podemos experimentar y eso es lo que lo hace parecer extraño. Cuando lo vemos a Él así, no lo conocemos, no reconocemos siquiera un rasgo de su vida y no sabemos cómo empezar a seguirlo. Él va muy adelante, es un líder muy extraño y no tenemos camaradería con Él.[5]

Esto no significa que nuestra amistad con Jesús se hace nula, solo que no reconocemos a este espantoso Salvador en nuestro cristianismo normal del día a día. Este es un Jesús muy diferente del que solemos escuchar en la iglesia. Este es el Cristo que está celoso por los pueblos de la tierra, Aquel que se sienta día y noche en el cielo delante del Padre para interceder por la tierra. Este es el Cristo que emulamos en oración, con nuestros rostros como un pedernal para abogar por otros, con tal intensidad que inspira temor, implacables contra los poderes de la oscuridad. D. L. Moody lo dijo de esta manera:

"La oración significa que mis sentimientos se van a elevar, en unión y diseño con Él; que voy a entrar en su consejo, y cumplir su propósito a plenitud."[6]

LA ARMADURA DE LA ORACIÓN

En el último capítulo de Efesios, Pablo nos instruye acerca de que necesitamos ir a orar por otros como si estuviéramos entrando en una batalla. Tenemos que vestirnos con la armadura de la fe. Nos dice:

> Por lo demás, hermanos míos, fortaleceos en el Señor, y en el poder de su fuerza. Vestíos de toda la armadura de Dios, para que podáis estar firmes contra las asechanzas del diablo Por tanto, tomad toda la armadura de Dios, para que podáis resistir en el día malo, y habiendo acabado todo, estar firmes.
> —EFESIOS 6:10–11, 13

Luego continúa describiendo cada uno de los componentes de esa armadura:

> Estad, pues, firmes, ceñidos vuestros lomos con la verdad, y vestidos con la coraza de justicia, y calzados los pies con el apresto del evangelio de la paz. Sobre todo, tomad el escudo de la fe, con que podáis apagar todos los dardos de fuego del maligno. Y tomad el yelmo de la salvación, y la

espada del Espíritu, que es la palabra de Dios;
orando en todo tiempo con toda oración y súplica en el Espíritu, y velando en ello con toda
perseverancia y súplica por todos los santos.

—Efesios 6:14–18

Cuando nos dedicamos a la oración, la verdad es lo
que nos reviste y lo que sostiene las piezas de nuestra
armadura en su lugar. La verdad de que somos justos
delante de Dios por medio del sacrificio expiatorio de
Jesucristo es lo que protege nuestros corazones de la
duda y la indecisión. A dondequiera que vayamos, tenemos que recordar que nuestro propósito es la paz
shalom que Dios escogió como su propio nombre. La fe
es lo que nos protege de los contraataques del enemigo
y detrás de la que nos recargamos a la vista del temor.
La espada que empuñamos es las promesas de la Palabra de Dios, ya que ellas son las leyes y los preceptos
del reino de los cielos por medio de los cuales decimos
en la corte del cielo que tenemos el derecho de recibir
aquello que estamos pidiendo. Revestidos así, estamos
listos para enfrentar cualquier batalla y pedir que la
luz del cielo produzca cambios. Y, a medida que nos
revestimos de estas cosas, empezamos a convertirnos
en aquellas personas que Dios pretendía que fuéramos
cuando nos puso en esta tierra: sus representantes en

la tierra, reflejos de su Hijo en palabras y hechos. En este pasaje en Efesios, Pablo incluso usa una cita del libro de Isaías que se refería al Mesías que habría de venir, Jesús:

> Y lo vio Jehová, y desagradó a sus ojos,
> porque pereció el derecho.
> Y vio que no había hombre,
> y se maravilló que no hubiera quien se
>   interpusiese;
> y lo salvó su brazo,
> y le afirmó su misma justicia.
> Pues de justicia se vistió como de una coraza,
> con yelmo de salvación en su cabeza;
> tomó ropas de venganza por vestidura,
> y se cubrió de celo como de manto
> "Y vendrá el Redentor a Sion,
> y a los que se volvieren de la iniquidad en Jacob",
> dice Jehová.
> —Isaías 59:15–17, 20

Por lo general, subestimamos tremendamente el poder de nuestras oraciones por otros. Dios nos llama a la aventura y al diálogo de la intercesión porque está buscando compañeros en la tierra que acudan y salven a aquellos a los que ama en la tierra, parándose entre ellos y la catástrofe. Quiere hijos e hijas en la tierra que sean semejantes al Cristo encarnado. Jesús, después de todo, "vive siempre para interceder" (Hebreos 7:25). Si nos esforzamos por ser como Él, ¿acaso no debemos también estar intercediendo? Cuando de veras nos "revestimos de Cristo" (Gálatas 3:27), también debemos vestirnos de intercesión, porque eso es lo que Él hace día y noche. Es, en resumen, el poder fundamental para traer un cambio por medio del espíritu en nuestro mundo físico. Es el trabajo de cada creyente. Es la clave para la expansión del reino de Dios. Y es el fundamento de una vida que vale la pena vivir.

No solo eso, sino que es imposible que haga tales peticiones al cielo sin determinación y sin que esa determinación lo cambie a usted. En su libro *en la escuela de la oración* Andrew Murray llamó a la oración intercesora "la escuela de entrenamiento de la fe". Continúa diciendo:

> Allí se prueba nuestra amistad con Dios y con los hombres. Allí se ve si mi amistad con el necesitado es tan real, como para que dedique tiempo y sacrifique mi descanso, vaya incluso a la medianoche y no cese hasta que haya obtenido lo que necesito para ellos. Allí se ve si mi amistad con Dios es tan clara, de modo

que puedo depender del hecho de que no me defraudará y, por tanto, orar hasta que Él dé.

Oh qué misterio celestial tan profundo es el de la oración perseverante. El Dios que ha prometido, que anhela, cuyo propósito firme es dar la bendición, la retiene. Para Él es un asunto de tal importancia que sus amigos en la tierra conozcan y confíen plenamente en su Amigo rico en el cielo, que los entrena, en la escuela de la respuesta demorada, a ver cómo su perseverancia realmente importa, y qué asombroso poder pueden ejercer en el cielo, si tan solo se empeñan en ello. Hay una fe que ve la promesa, y la abraza, y sin embargo no la recibe (Hebreos 11:13, 39). Es cuando la respuesta a la oración no viene, y la promesa en la que parecemos estar confiando con mayor firmeza aparentemente no tiene ningún efecto, que la prueba de la fe, más preciosa que el oro, tiene lugar. Es en esta prueba que la fe que ha abrazado la promesa se purifica y se fortalece y se prepara en una comunión personal y santa con el Dios viviente, para ver la gloria de Dios. La toma y se agarra de la promesa hasta que ha recibido el cumplimiento de lo que había reclamado en una verdad viviente en el Dios invisible pero viviente.[7]

Este no es un asunto trivial. Incluso si comenzamos a interceder en el mismo instante en que escuchamos la necesidad de otro, tenemos que adoptar el modo de pensar de fe que dice que nuestras palabras harán algo más que solo producir vibraciones en el aire. Tenemos que reconocer que tenemos un lugar delante del trono de Dios y el derecho de estar allí. Tenemos que reconocer que hay promesas de Dios que se aplican, leyes espirituales en las que se puede confiar para proporcionar ayuda en tiempos de necesidad. Y, tal como lo hizo Ester, usted tiene que venir con la convicción de que no será rechazado, después de todo, sabe que lo dice la Palabra de Dios.

Cuatro

"¿Y AHORA QUÉ, PAPÁ?"

La aventura de orar en el Espíritu

Porque todos los que son guiados por el Espíritu de Dios, éstos son hijos de Dios. Pues no habéis recibido el espíritu de esclavitud para estar otra vez en temor, sino que habéis recibido el espíritu de adopción, por el cual clamamos: ¡Abba, Padre! El Espíritu mismo da testimonio a nuestro espíritu, de que somos hijos de Dios.

ROMANOS 8:14–16

Dios puede obrar maravillas si encuentra al hombre adecuado. Los hombres pueden obrar maravillas si logran que Dios los guíe. La llenura total del espíritu que viró el mundo al revés sería particularmente útil en estos últimos días. Hombres que puedan cambiar las cosas poderosamente para Dios, cuyas revoluciones espirituales cambian todo el aspecto de esas cosas, son la necesidad universal de la iglesia.[1]

E. M. BOUNDS

EN EL TERCER y cuarto capítulo del libro de Gálatas, Pablo habla sobre lo que significa crecer en Cristo, yendo desde un niño que se guía por las cosas que se pueden hacer y las que no de acuerdo a las Escrituras hasta llegar a ser un adulto que vive en la gracia por la fe como una hija o un hijo amado de Dios. Estábamos bajo la tutela de la Ley mientras crecíamos, pero cuando nos convertimos en adultos, nos dimos cuenta de que podíamos relacionarnos con Dios por nosotros mismos, sin dejar las leyes de Dios a un lado pero siendo capaces de ir directamente a la fuente de ellas en la presencia de nuestro Padre. Cuando un niño es pequeño, lo correcto y lo incorrecto es como el blanco y el negro; en esa etapa de la vida esto es realmente todo lo que nuestras mentes pueden comprender. Una cosa es o no es; la luz está encendida o está apagada. Pero a medida que crecemos, nuestras mentes se abren a los matices y una comprensión de la Ley profundiza nuestras perspectivas. No es que la Ley cambie, sino que nosotros comenzamos a entender el propósito de la Ley y el espíritu detrás de ella. Podemos colocarla en relación con otras leyes y derivar de ellas un sentido de vivir por ellas que va mas allá de lo que nos dicen literalmente que hagamos o de lo que cada una significa por separado. En vez de vivir por un código legal para cumplir la "letra" de la Ley, empezamos a conectarnos con el "espíritu" de lo que Dios nos está diciendo a través de su Palabra. Como lo expresa Pablo:

> La ley ha sido nuestro ayo, para llevarnos a Cristo, a fin de que fuésemos justificados por la fe. Pero venida la fe, ya no estamos bajo ayo, pues todos sois hijos de Dios por la fe en Cristo Jesús.
> —GÁLATAS 3:24–26

Los hijos y las hijas se diferencian de los huérfanos en que conocen a sus padres y se pueden relacionar con ellos. La fe en lo que hizo Jesús, quien pagó por nuestro pecado y nos presentó "justos" delante de Dios una vez más, de modo que pudiéramos estar en su presencia y conversar con Él a través de la oración, nos pone en conexión con nuestro Padre. La gracia cubre el déficit entre todos los terribles errores que hemos cometido en el pasado y nuestra relación con Dios. Este es el lugar de verdadera libertad. O como continúa diciendo Pablo:

> Entre tanto que el heredero es niño, en nada difiere del esclavo, aunque es señor de todo; sino que está bajo tutores y curadores hasta el tiempo señalado por el padre. Así también nosotros, cuando éramos niños, estábamos en esclavitud bajo los rudimentos del mundo. Pero

cuando vino el cumplimiento del tiempo, Dios
envió a su Hijo, nacido de mujer y nacido bajo
la ley, para que redimiese a los que estaban bajo
la ley, a fin de que recibiésemos la adopción de
hijos. Y por cuanto sois hijos, Dios envió a vuestros corazones el Espíritu de su Hijo, el cual
clama: ¡Abba, Padre! Así que ya no eres esclavo,
sino hijo; y si hijo, también heredero de Dios
por medio de Cristo.

—GÁLATAS 4:1–7

Cuando somos inmaduros, consideramos las Escrituras como un libro donde está escrito lo que se debe y
lo que no se debe hacer y vivimos según un "código" del
cristianismo. Es una religión, en el sentido de que es
nuestra propia comprensión de qué hacer para buscar
a Dios y cómo actuar con el objetivo de agradarle. De
modo que la religión es la humanidad, usando su propia
sabiduría, para tratar de llegar a Dios de la mejor manera que podamos. En sí mismo y por sí mismo esto
no es siempre algo malo, es una forma sincera en que
las personas buscan a Dios de la mejor manera que
pueden, pero si nunca permitimos que el soplo de vida
de Dios entre en nuestra religión y muestre la forma
que Él tiene de alcanzar a la humanidad, casi siempre
es más una piedra de tropiezo que una ayuda. Durante
años Juan Wesley buscó a tientas a Dios en esa forma,

creando sus propios "métodos" para llegar a Dios según entendía la tradición de la iglesia y la Biblia pero entonces, un día, mientras asistía a una reunión de la sociedad Morava, donde estaban leyendo el prefacio de Martín Lutero del libro de Romanos, la revelación del método de Dios para alcanzar a la humanidad tocó su corazón y, tal como él mismo lo describió, sintió su corazón "extrañamente tibio". Más adelante abundó sobre aquel sentimiento: "Sentí que sí confiaba en Cristo, solo en Cristo, para la salvación; y recibí la seguridad de que Él había llevado mis pecados, incluso los míos, y me había salvado de la ley del pecado y de la muerte".[2] Hasta aquel momento Juan había vivido bajo la tutela de sus disciplinas para buscar a Dios, pero su falta de conexión genuina era una continua piedra de tropiezo. Sin embargo, cuando el soplo de vida de Dios se hizo presente en sus disciplinados hábitos, las cosas cambiaron rápidamente. En cuestión de unos pocos años, meses en realidad, Juan estaba en el centro de una de las épocas más grandiosas de cambio social que el mundo haya experimentado: el Gran Avivamiento.

Me encanta como Eugene Peterson parafrasea los últimos dos versículos de este pasaje:

> Pueden estar seguros de que ahora han sido adoptados como sus propios hijos porque Dios

envió al Espíritu de su Hijo a nuestras vidas
para que grite: "¡Papá! ¡Padre!". ¿Acaso ese privilegio de tener una conversación íntima con
Dios no deja claro que usted no es un esclavo,
sino un hijo? Y si es hijo, también es heredero,
con acceso completo a la herencia.

—GÁLATAS 4:6–7,
TRADUCCIÓN DE LA VERSIÓN
EN INGLÉS *THE MESSAGE*

Cuando maduramos y dejamos de ser simples buscadores de Dios y seguidores de sus mandatos, nos
convertimos en hijos con una relación con Él y con el
"privilegio de tener una conversación íntima con Dios"
a través de la oración. Podemos acudir a Él y decirle:
"Papá, tengo una pregunta", o "Papá, ¿puedes ayudarme
con esto un minuto?". Estar en la relación correcta con
Él nos permite conversar acerca de los asuntos más pri-
vados o complejos. ¿Realmente podemos darnos el lujo
de dejar a un lado ese privilegio y no entrar regularmente a la habitación de su trono con cualquier preocupación que tengamos? ¿Rechazaremos nuestro acceso al
cielo y la autoridad y los privilegios que eso implica a
cambio de las distracciones de este mundo? Esta es la
responsabilidad de la intercesión, pero también es solo
el primer destello de la verdadera aventura que es.

LAS TRES OBRAS DE LA GRACIA

La gracia es uno de los conceptos más poderosos en la Biblia y, si bien muchos de nosotros tenemos una comprensión muy buena de la primera obra de la gracia, no muchos de nosotros comprendemos las otras dos. Muchos de nosotros las practicamos incluso sin darnos cuenta, pero creo que entender todo lo que tiene que ver con la gracia es entender la intercesión. También es catapultarnos hacia el tipo de vida que Dios quiere realmente para nosotros, una vida de transformación, poder y abundancia.

La primera obra de la gracia es lo que recibimos cuando venimos a Cristo por primera vez. Es poderosa más allá de toda medida. Nos libera de cualquier lío en que nos hayamos metido y que nos ha alienado de Dios y nos devuelve a una postura justa con Él. Es la obra de gracia que vence todo el pecado de nuestras vidas y abre la línea entre nosotros y el cielo una vez más. Libera al pecador que está al pie de la cruz tan solo aceptando a Jesús como Señor y Salvador, al entregar nuestras vidas a Él. Es la gracia que nos salva de nosotros mismos y de nuestras malas decisiones. Como dice Pablo:

> Porque por gracia sois salvos por medio de la fe;
> y esto no de vosotros, pues es don de Dios; no
> por obras, para que nadie se gloríe.
>
> —Efesios 2:8–9

Es esta obra de gracia la que nos conduce desde la puerta del reino de Dios hacia el interior de dicho reino. Hemos cruzado el umbral de la oscuridad hacia la luz. Hemos firmado nuestros nombres en el mandato real de adopción que Dios ofrece libremente para convertirnos en sus hijos.

Esta primera obra de gracia es maravillosa y poderosa, pero muy pocos se dan cuenta de que esta liberación de la oscuridad y separación para Dios no es todo lo que la gracia tiene para ofrecernos. Demasiados cristianos viven en un ciclo de esta gracia solamente, yendo hacia adelante y hacia atrás, entre el pecado y la salvación, la oscuridad y la luz, la separación de Dios y el reencuentro con Él. No quiero decir que viven perdiendo la salvación y obteniéndola otra vez, lo que estoy diciendo es que tenemos esta tendencia de perder la comunión con Dios debido a nuestras elecciones y luego regresar a Él, volver a dedicarle nuestras vidas y regresar otra vez a la relación con Él. Sin embargo, dentro de un tiempo, porque no conocemos mucho más, volvemos a tropezar de nuevo con el pecado, nos sentimos separados de Dios y sin poder, hasta la siguiente vez que sentimos la oleada emocional de su amor y su presencia, para entonces entregarnos a Él una vez más. Este es un ciclo que al diablo le encanta, cristianos que son "salvos" en un sentido eterno pero que hacen muy poco daño al reino de la maldad en la tierra. Soldados con armas poderosas pero sin municiones. Un pueblo con grandes sueños, pero sin un plan de acción para cumplirlos. Un pueblo que es justo a los ojos del cielo pero que falla a la hora de ejercer la autoridad del cielo en la tierra.

Pero si leemos el siguiente versículo en este pasaje sobre la gracia en Efesios, podemos ver la segunda obra de gracia:

> Porque somos hechura suya, creados en Cristo
> Jesús para buenas obras, las cuales Dios preparó
> de antemano para que anduviésemos en ellas.
> —Efesios 2:10

Verá, la segunda obra de gracia es la habilidad de convertirnos en lo que Dios diseñó que fuéramos. *Vine's Expository Dictionary* añade esta definición de *gracia* a la gracia salvadora que nos libra del pecado y nos regresa a la relación con Dios. Según este diccionario, *la gracia* también es:

...el estado espiritual de aquellos que han experimentado su ejercicio, ya sea (1) un estado de "gracia",...o (2) una prueba de eso en efectos prácticos, hechos de "gracia"...(la suma de las bendiciones terrenales); el poder y el equipamiento para el ministerio.[3]

Cuando aquí se refiere a ministerio, no solo está hablando de los pastores, misioneros y aquellos que trabajan a tiempo completo para una iglesia o un "ministerio"; se refiere a cualquier cosa que tenga que ver con la obra de manifestar el reino de los cielos en la tierra. Es la segunda obra de gracia la que capacita a cada cristiano para hacer la voluntad de Dios. En la Nueva Traducción Viviente, la palabra "hechura" que aparece en Efesios 2:10 se traduce como "obra maestra". Creo que eso dice mucho.

> Somos la obra maestra de Dios. Él nos creó de nuevo en Cristo Jesús, a fin de que hagamos las cosas buenas que preparó para nosotros tiempo atrás.
> —Efesios 2:10, ntv

Esto habla de nosotros como una "obra maestra" que Dios creó para llevar a cabo un gran trabajo que había planificado para que nosotros cumpliéramos desde el principio de los tiempos.

El libro de Romanos está lleno de referencias en este sentido. Mire este ejemplo:

> A quien Dios puso como propiciación por medio de la fe en su sangre, para manifestar su justicia, a causa de haber pasado por alto, en su paciencia, los pecados pasados, con la mira de manifestar en este tiempo su justicia, a fin de que él sea el justo, y el que justifica al que es de la fe de Jesús.
>
> —ROMANOS 3:25–26

En este pasaje se ilustran tanto la primera como la segunda obra:

1. Dios manifiesta su justicia.

2. Dios justifica al que es de la fe de Jesús.

Creo que la diferencia entre el tipo de cristianismo que tropieza hacia delante y hacia atrás entre las formas de este mundo y el volver a obtener la comunión con Dios, y el tipo de cristianismo que está activo trabajando para hacer el bien en la tierra es una vida de oración disciplinada y consistente. ¿Cómo se supone que hagamos la voluntad de Dios sin bajar sus planes y estrategias del cielo sobre una base regular? ¿Cómo se supone que seamos sus representantes en la tierra sin edificar diariamente sus características en nuestras vidas en la "habitación de entrenamiento" del Espíritu Santo? Debemos tener su sabiduría, atributos y el conocimiento de su voluntad específica para cualquier situación si queremos ver sus planes haciéndose reales en el mundo que nos rodea.

Charles Finney habló sobre esa función de la oración como un medio para entrar en la mente de Cristo:

> Mientras más oramos, más iluminados estaremos, con toda seguridad aquellos que más oran son los más iluminados. Si no avanzamos en las cosas divinas más allá de lo que el razonamiento humano puede llevarnos, ciertamente obtenemos poco de Dios.
>
> Mientras más oren los hombres, más amarán la oración, y más disfrutarán a Dios. Por otra parte, mientras más oramos (verdaderas oraciones) más se deleitará Dios en nosotros.
>
> Observe esto que digo: Deleitará; más se DELEITARÁ Dios verdaderamente en nosotros.
>
> Este no es meramente el amor de la benevolencia, porque Dios es benevolente para todos; pero Él se deleita en sus hijos que oran en el sentido de que se complace en el carácter de ellos.

La Biblia habla a menudo del gran interés de Dios en aquellos que viven cerca de Él a través de mucha oración. Este es naturalmente y necesariamente el caso. ¿Por qué no se deleitaría Dios en aquellos que se deleitan en Él?

Mientras más oramos, más le gusta a Dios manifestar a otros que se deleita en nosotros y que escucha nuestras oraciones. Si sus hijos viven vidas de mucha oración, Dios se deleita en honrarlos, como un estímulo para que otros oren. Llegan a una posición en la que Él los puede bendecir y puede hacer que sus bendiciones para ellos resulten en bien para otros, gratificando así doblemente la benevolencia de su corazón.[4]

De modo que, si estaba pensando en esto como una continuidad, el primer acto de oración lo lleva desde donde estaba en el pecado antes de conocer a Dios de vuelta a la relación, o "justicia" con Él. La segunda obra de gracia es para que la persona que ya ha regresado a la relación pueda tener ahora comunión con Él en la oración, conocer sus planes y estrategias para su vida y llevarlos a cabo en la tierra. Esto significa ir desde el lugar de reunirse con Él a través de la salvación hacia el cumplimiento del propósito de su vida. Esta segunda obra es la senda de santidad delante de Dios. Nos convertimos en la persona que Dios siempre quiso que fuéramos: *perfectos* (piense en "maduro, adulto") en sus ojos, haciendo su voluntad, expandiendo su Reino.

Entonces, ¿cuál es la tercera obra de gracia? Es la gracia de Dios que extendemos a los demás. Para algunos, eso significa que les ofrecemos la gracia que nos salvó a nosotros. Para otros, significa ayudarlos a entrar desde la puerta del Reino de Dios hacia el corazón de éste, ayudándoles a darse cuenta de sus propósitos y a caminar en ellos. También significa que vivimos una vida de gracia, constantemente extendiendo la gracia, así como hizo Jesús cuando caminó por la tierra. No nos ofendemos con facilidad, lo cual es una de las mayores piedras de tropiezo que Satanás utiliza, caminamos sin dificultad la segunda milla cuando sentimos que debemos hacerlo y vivimos en la paz *shalom* de la comunión con Dios y con otros. No nos preocupamos por los títulos o las posiciones, honramos a todas las personas, considerándolas como obras en progreso en el camino de convertirse en "las obras maestras de Dios", y somos cartas vivas y reales del evangelio para las personas que nos rodean, escritas por la propia mano de Dios. Esta es la vida de un intercesor que no solo practica estas cosas en una "cámara de oración" sino que también las vive continuamente a lo largo de todo el día, efectivamente "orando sin cesar". Como lo describió Juan Wesley:

> El mandato de Dios de orar sin cesar se fundamenta en la necesidad que tenemos de su gracia para preservar la vida de Dios en el alma, que ya no puede subsistir ni un minuto sin ella, así como el cuerpo no puede vivir sin aire.
>
> Ya sea que pensemos o hablemos con Dios, ya sea que actuemos o suframos por Él, todo es oración, cuando no tenemos otro objetivo que su amor, y el deseo de complacerlo.
>
> Todo lo que hace un cristiano, incluso cuando come y duerme, es oración, cuando se hace con sencillez, según la orden de Dios, sin añadir o quitar de ella según nos parezca.
>
> La oración continua es el deseo del corazón, aunque el entendimiento se esté empleando en cosas externas.
>
> En las almas llenas de amor, el deseo de agradar a Dios es una oración continua.
>
> Como el odio furioso que el diablo nos tiene se describe como el rugido de un león, así mismo se puede describir nuestro amor vehemente, que anhela a Dios.[5]

De modo que creo que la forma más elevada de vivir para Dios nace en la intercesión, orando constantemente por las cosas que Dios ha puesto en nuestros corazones para nosotros y para otros, pero también con una apertura siempre expectante hacia Dios que dice constantemente: "¿Y ahora qué, Papá?". Esta es la vida al estilo de Dios que el mismo Jesús describió:

> Tened fe en Dios. Porque de cierto os digo que cualquiera que dijere a este monte: Quítate y échate en el mar, y no dudare en su corazón, sino creyere que será hecho lo que dice, lo que diga le será hecho. Por tanto, os digo que todo lo que pidiereis orando, creed que lo recibiréis, y os vendrá.
>
> —MARCOS 11:22–24

Creo que esto prepara el escenario para que entremos en la presencia de Dios para interceder así como lo hizo Ester delante de su rey y esposo. Ahora que comprendemos mejor cómo entrar, ¿cuál será nuestro plan de ataque una vez que estemos allí?

Parte dos

LA DISCIPLINA DE
LA INTERCESIÓN

La oración ha fallado. Estamos en un terreno resbaloso. Solo la intercesión nos ayudará. Dios está llamando a intercesores, hombres y mujeres que dejen sus vidas en el altar para luchar contra el maligno, de la misma manera en que lucharían en el Frente Occidental.[1]

—Rees Howells,

dirigiéndose al cuerpo estudiantil el
29 de marzo de 1936, mientras Hitler
comenzaba a desplegar su poder militar.

CINCO

EN PRIMER LUGAR

Aquellos que están en autoridad

Exhorto ante todo, a que se hagan rogativas, oraciones, peticiones y acciones de gracias, por todos los hombres; por los reyes y por todos los que están en eminencia, para que vivamos quieta y reposadamente en toda piedad y honestidad. Porque esto es bueno y agradable delante de Dios nuestro Salvador.

1 TIMOTEO 2:1–3

La Escritura nos llama a orar por muchas cosas: por todos los santos; por todos los hombres; por los reyes y todas las autoridades; por todos los que están en adversidad; por el envío de obreros; por aquellos que trabajan en el evangelio; por todos los convertidos; por los creyentes que han caído en pecado; los unos por los otros en nuestro círculo inmediato. La Iglesia ahora es mucho más grande que cuando se escribió el Nuevo Testamento; el número de formas de trabajo y de trabajadores ahora es mucho más grande; las necesidades de la Iglesia y del mundo ahora se

conocen mucho mejor, de modo que necesitamos
dedicar tiempo y pensar para ver donde se necesita
la oración, y a qué se inclina más nuestro corazón.[1]

ANDREW MURRAY

No HAY DUDA de que no se puede entrar en una intercesión profunda sin tener una vida de oración disciplinada. Orar sin cesar no cubre este concepto completamente. Si bien habrá ocasiones en las que entraremos en intercesión debido a una urgencia del momento, la mayoría de la intercesión tendrá lugar en épocas de oración habitual, premeditada y regular.

Siendo la oración una parte tan importante de nuestra fe, de cierta forma es sorprendente cuán poca instrucción obtenemos en las Escrituras acerca de ella. Creo que esto se debe en gran parte a que la escuela de la oración es la oración misma. Como dijo Charles Spurgeon en cierta ocasión: "Ore hasta que realmente pueda orar". Es algo que se aprende a hacer más bien haciéndolo y no recibiendo instrucción para hacerlo. Se aprende a andar "el camino" o "la forma" de orar como la traté en el segundo capítulo de mi libro *El arte de la guerra para la batalla espiritual.* Si bien creo que la instrucción acerca de la oración puede ser muy valiosa (de otra manera no escribiría libros acerca de ese tema) creo que la instrucción tiene muy poco sentido hasta que no se practica en la vida diaria un tiempo regular dedicado a la oración.

Al mismo tiempo, las Escrituras sí tienen algunas cosas muy importantes que decir acerca de la práctica de la oración. En los evangelios Jesús nos da la Oración del Señor, que es como la llamamos pero, de hecho, es en realidad la "oración del discípulo", ya que nos la da para nuestras vidas de oración, no para la de Él.[2] Aunque repetir esa oración de memoria es bueno, creo que es aún mejor usarla como una guía para la oración según el Espíritu Santo. Siguiendo su modelo entramos a la oración con alabanza y adoración, "santificando" el nombre del Padre. O como lo describió el salmista:

> Entrad por sus puertas con acción de gracias,
> Por sus atrios con alabanza.
>
> —Salmo 100:4

La segunda parte de esa oración nos manda a orar:

> Venga tu reino.
> Hágase tu voluntad,
> como en el cielo, así también en la tierra.
>
> —Mateo 6:10

Creo que esta es la parte de nuestros tiempos de oración regulares que Pablo menciona y explica en 1 Timoteo:

> Este mandamiento, hijo Timoteo, te encargo, para que conforme a las profecías que se hicieron antes en cuanto a ti, milites por ellas la buena milicia, manteniendo la fe y buena conciencia...
>
> Exhorto ante todo, a que se hagan rogativas, oraciones, peticiones y acciones de gracias, por todos los hombres; por los reyes y por todos los que están en eminencia, para que vivamos quieta y reposadamente en toda piedad y honestidad. Porque esto es bueno y agradable delante de Dios nuestro Salvador, el cual quiere que todos los hombres sean salvos y vengan al conocimiento de la verdad.
>
> —1 Timoteo 1:18–19; 2:1–4

Me resulta muy interesante el hecho de que Pablo y Jesús concuerden en que nuestra principal prioridad en la oración no es nuestra lista de oración por los pecados, necesidades y preocupaciones familiares, sino que primero debemos considerar una perspectiva global de la oración por los gobiernos, las economías y nuestras sociedades o, más específicamente, por las personas que más impacto tienen en ellas. Se nos instruye a que oremos por los presidentes, por los reyes y por el resto de los líderes, "para que vivamos quieta y reposadamente en toda piedad y honestidad". Cuando nuestro liderazgo es correcto, las cosas que impiden la manifestación del Reino de Dios en la tierra se reducen significativamente. Grandes cosas suceden cuando vivimos en una sociedad piadosa gobernada por líderes piadosos.

En los Estados Unidos hemos caído en la trampa de pensar que nuestro poder para votar es más grande que nuestro poder en la oración. Demasiadas personas reservan su temporada de oración para la temporada de las elecciones y oran para que se elija a la persona o al partido correcto; luego juzgamos el éxito o el fracaso de nuestras oraciones basándonos en si nuestros candidatos lograron el triunfo o no. Si lo lograron, celebramos; si no lo lograron, pensamos que nuestras oraciones han fracasado. Sin embargo, ¿sabía que había cristianos en el otro partido que estaban orando por sus candidatos de la misma manera? Nuestra opinión es, a menudo, que estaban equivocados o que no comprendieron bien los hechos verdaderos, pero creo que todos estamos equivocándonos si pensamos de esa forma. Aunque orar durante la época de elecciones es algo bueno, estamos cometiendo un gran error si este es el único tiempo en que oramos por nuestro gobierno.

De hecho, lo cierto es que debemos orar más *entre* las elecciones que por las elecciones.

Note que Pablo no nos está diciendo aquí que oremos para que las personas correctas asuman el liderazgo. La razón para esto es que, sin importar quién salga electo, independientemente de su carácter, de sus principios políticos, o de sus creencias religiosas, van a enfrentar decisiones desafiantes y recibirán influencias de diversas facciones en conflicto y tentaciones mayores que las que enfrentarán los ciudadanos normales. Como dice el Hombre Araña: "Un gran poder implica una gran responsabilidad".[3] Por otra parte, como lo describe Lord John Acton: "El poder tiende a corromper y el poder absoluto corrompe absolutamente. Los grandes hombres son casi siempre hombres malos".[4] Ya sea que elijamos "buenas" personas o no, ya sea que elijamos a las personas "correctas" o no, ellas enfrentarán influencias corruptas. Necesitan nuestras oraciones no tanto para salir electos como las necesitan para mantenerse (o entrar) en las sendas correctas que permitirán que todas las cosas en su gobierno "conlleven a una vida tranquila y pacífica en toda piedad y reverencia". Esto es tan importante que el mismo Dios dijo:

> Si se humillare mi pueblo, sobre el cual mi nombre es invocado, y oraren, y buscaren mi

rostro, y se convirtieren de sus malos caminos;
entonces yo oiré desde los cielos, y perdonaré
sus pecados, y sanaré su tierra.

—2 Crónicas 7:14

Esa es la razón por la que Dios coloca la oración por
nuestros líderes de gobierno al inicio de nuestras listas
de oración, luego la oración por nuestros líderes espirituales y solo después por nuestras familias, amigos y
seres queridos. Este enfoque global también nos ayuda
a amar primero a otros, al hacer de la oración por el
bien común una prioridad cuando buscamos a Dios.

Presidentes, reyes y todos los que están en autoridad

Por esta razón me he dado cuenta de que es buena idea
llevar una lista de oración conmigo en todo momento,
que esté al alcance, y que pueda actualizar con facilidad.
Puede ser una hoja escrita e impresa para guardarla en
la Biblia o un diario de oración, un archivo en el teléfono inteligente o en su tableta, una página en el orga-
nizador, o algún otro método que funcione cualquiera
que sea la forma en que usted se organice. (Este es también un lugar perfecto para escribir los pasajes en los
que está apoyándose o que Dios le ha dado para que ore

por otros). Luego haga una breve búsqueda en internet para encontrar los nombres de las siguientes personas y de sus cónyuges:

- El presidente, primer ministro, o funcionario superior

- Miembros del gabinete, ministros, o consejeros

- El vicepresidente

- Las personas que encabezan las ramas del congreso o las cámaras del parlamento

- Los congresistas, senadores, o miembros del parlamento de su estado, provincia, distrito, o país

- El gobernante o jefe de su estado, provincia o territorio

- Los representantes de su área ante su estado o la asamblea del congreso local

- Los comisionados o el liderazgo de su condado

- El alcalde de su ciudad, pueblo o localidad

Una vez que tenga esta información, empiece a pensar en los pastores y en las iglesias de su zona y añádalos a su lista. ¿Hay ministerios u organizaciones sin fines de lucro a los que ofrenda regularmente (como Trimm International☺)? Añádalos a su lista, así como los nombres de los líderes de esas organizaciones. Ponga a su propio pastor y a su cónyuge al principio de esa lista. Luego dedique tiempo a orar y pregúntele a Dios si hay alguien más a quien deba incluir.

Una vez que lo tenga, úselo siempre que tenga su tiempo regular de oración o en tiempos de descanso como cuando va en el bus o en el metro, durante los recesos en el trabajo, cuando está en una fila o en otros momentos como estos. Habrá ocasiones en las que simplemente leerá esta lista para presentar a esas personas delante del trono, pero también permanezca abierto para que Dios lo guíe en tiempos específicos de oración por cada una de esas personas.

Luego, cuando vea las noticias, lea el periódico o revise los sitios de internet que lo mantienen actualizado con respecto a lo que está sucediendo en el mundo, busque asuntos o problemas que pueda añadir a esta lista o aquellos con los que las personas de su lista están luchando. Creo firmemente que no hay mucha utilidad en que los cristianos vean o lean las noticias a no ser que sea en busca de vínculos directos con aquello por lo que están orando (con la excepción, por supuesto, de cosas como el estado del tiempo o los resultados de eventos deportivos). No debe haber ningún dolor o sufrimiento en esta tierra que no presentemos, al menos momentáneamente, ante Dios, diciendo algo así: "Dios, llega hasta esas personas y ayúdalos haciéndote presente con ellos".

La Escritura nos dice:

> Como los repartimientos de las aguas,
> Así está el corazón del rey en la mano de
>   Jehová;
> A todo lo que quiere lo inclina.
>
> —PROVERBIOS 21:1

Y creo que eso se aplica para cualquiera que esté en una posición de liderazgo en cualquier parte. Elévelos ante Dios. Preséntelos ante Él y pídale que los llame a rendir cuentas. Ore para que Dios hable con ellos y les dé sabiduría. Busque pasajes de las Escrituras y escríbalos junto a sus nombres y órelos cada día. O, al menos, siéntese y escuche al Espíritu y pregúntele aquello por lo que debe estar orando concerniente a esa persona y sus familiares. ¡Ay, si fuéramos personas de oración continua! ¡Qué gran diferencia marcaría esto en nuestras naciones, en nuestras comunidades y en nuestro mundo!

¿UNA CARGA PARA ORAR O UN SENTIMIENTO DE CULPA?

Ahora, a medida que comienzo a tratar este tema de la oración regular, hay algo más que necesito hablar con usted, y se trata de los ataques que sufrirá porque tiene el valor para orar. No hay nada más peligroso para el reino de la oscuridad que una iglesia que ora. Por ese motivo, no hay táctica que Satanás no use para evitar que usted ore. Y no solo eso, cuando no está orando, ¡hará que se sienta culpable por eso! Quiere empujarlo a uno de esos dos extremos, cualquier cosa con tal de lograr que su vida de oración sea ineficaz y que le resulte pesada o problemática.

Necesitamos recordar que Jesús dijo:

> Llevad mi yugo sobre vosotros, y aprended de mí, que soy manso y humilde de corazón; y hallaréis descanso para vuestras almas; porque mi yugo es fácil, y ligera mi carga.
> —MATEO 11:28–30

Cuando vamos a Dios en oración, nuestras naturalezas terrenales se retorcerán un poco porque la oración tiene poco sentido para la mente natural y menos aún para nuestros deseos de estar cómodos, ocupados y entretenidos. ¡Incluso limpiar la cocina o pasar la aspiradora luce mejor que pasar tiempo en oración! Se requerirá un poco de disciplina para comenzar y lograr que esto se convierta en una parte regular de nuestra vida diaria. Y su calendario se llenará para intentar sacar el tiempo que pensaba dedicar a la oración. Aparecerán cosas que necesiten su "atención inmediata" justo cuando se esté alistando para pasar un tiempo en oración. No caiga en la trampa. Como advirtió Oswald Chambers:

> Cuidado con dejar atrás a Dios debido a tu anhelo personal de hacer su voluntad. Corremos adelante de Él en mil y una actividades, como consecuencia, nos cargamos tanto con las personas y los problemas que no lo adoramos ni intercedemos. Si cuando nos llegan la carga y la presión no tenemos una actitud de adoración, se producirá en nosotros no solo dureza hacia Dios, sino desesperación en nuestras propias almas. Él continuamente nos presenta a personas por quienes no sentimos ninguna afinidad y, si no lo estamos adorando, nuestra tendencia natural es a ser despiadados con ellas. Les arrojamos un versículo se lo clavamos como una lanza, o las

dejamos con una apurada y descuidada palabra de consejo antes de marcharnos. Un cristiano despiadado debe ser un terrible dolor para nuestro Señor.[5]

Al mismo tiempo, si pierde un tiempo de oración, no permita que la culpa lo condene o lo desanime. No sienta como que tiene que emplear cada minuto de cada día en oración o, de lo contrario, no estará agradando a Dios. Si el diablo no puede evitar que ore, entonces tratará de que se agote con ello. Tratará de hacerlo sentir tan culpable que se convencerá de que es un cristiano inferior y que no tiene la fe suficiente para que Dios conteste sus oraciones.

Puede que al principio orar le resulte un poco difícil, como sucede cuando trata de formar cualquier nuevo hábito que sabe que será bueno para usted a largo plazo, pero nunca debe ser una carga abrumadora. En la historia de la oración estoy segura de que ha habido oraciones de una palabra más efectivas que horas de oración en otros momentos. Si todo lo que siente que debe orar son solo unos pocos minutos, entonces ore solo esos pocos minutos. Piense en Dios a lo largo de todo el día y haga algunas oraciones como un soplo. Comience donde está y crezca en oración. Ore con otros. Vaya a lugares de oración o a reuniones de oración y permita que el gozo de estar junto a otros aligere la resistencia a orar. Pero dondequiera que esté, crezca en oración. Los grandes hombres y mujeres de oración siempre han orado, pero el viaje de oración de cada persona es diferente. John "Praying" Hyde oraba toda la noche, noche tras noche, y vio a cientos de personas venir a los pies de Jesús, pero se dice que Smith Wigglesworth, quien ejercía poderosamente el don de sanidad, en cierta ocasión se burló de alguien que estaba orando por más de veinte minutos de una sola vez, aunque más adelante diría: "¡Pero dudo que yo pase más de veinte minutos sin orar!".

Todo esto es para decir: no permita que la oración se convierta en una carga para usted. Si se mantiene fiel en ella, habrá ocasiones en las que Dios se le unirá mientras está orando y su presencia será tan tangible que tendrá miedo de moverse por temor de que se vaya. Hay un gozo en la oración y hay un gozo en ver nuestras oraciones respondidas. Hay un consuelo que otros recibirán mientras usted emplea tiempo en oración que, de otra manera, puede que nunca experimenten esa parte del cielo. No permita que las cosas lo aparten de la oración pero, al mismo tiempo, no permita que la condenación lo entierre en la culpa de que hay algo en sus oraciones que realmente no permite que sean lo suficientemente buenas. En definitiva, para nosotros como cristianos, no se trata del tiempo que pasamos en oración o del fervor con que oramos; se trata del Dios al que oramos. Se trata de conectarnos con Él y pedirle que entre en nuestras jurisdicciones para establecer su Reino. Nunca se desvíe del verdadero objetivo y cada momento que pase en oración tendrá su valor único y cambiará incluso los momentos en los que no esté orando. Esa es la gracia que Dios nos ofrece. Ore con esa gracia, tanto por usted como por otros.

> Y poderoso es Dios para hacer que abunde en vosotros toda gracia, a fin de que, teniendo siempre en todas las cosas todo lo suficiente, abundéis para toda buena obra.
>
> —2 Corintios 9:8

HERMANOS Y HERMANAS EN CADENAS

Poner en oración los asuntos del mundo

La religión pura y sin mácula delante de Dios el Padre es esta: Visitar a los huérfanos y a las viudas en sus tribulaciones, y guardarse sin mancha del mundo.

SANTIAGO 1:27

¿Cuál es la razón por la que muchos miles de obreros cristianos en el mundo no tienen una influencia mayor? Nada excepto esto: la falta de oración en su servicio. En medio de todo su celo en el estudio y en el trabajo en la iglesia, de toda su fidelidad en la predicación y en la conversación con las personas, les falta esa oración incesante, que adjunta a ella tiene la segura promesa del Espíritu y el poder de lo alto. ¡No es otra cosa sino el pecado de la falta de oración lo que causa la ausencia de una vida espiritual poderosa![1]

ANDREW MURRAY

No NECESITA MIRAR demasiado lejos en nuestro mundo actual para ver asuntos desgarradores que necesitan la luz de Dios. Si bien creo que una buena porción de la intercesión se hace en favor de aquellos que están en nuestras comunidades inmediatas y en nuestras naciones, la injusticia, la persecución y la explotación han arruinado todo el mundo actual. Con las tecnologías modernas para la comunicación que han convertido al mundo entero prácticamente en un barrio, es difícil que no nos toquen las necesidades de aquellos que están a más de medio mundo de distancia de nosotros, especialmente si son niños.

Permítame darle algunos ejemplos para que vea lo que le quiero decir.

LA TRATA

El sindicato mundial del delito, además del tráfico de drogas y de armas, ha encontrado un nuevo beneficio traficando seres humanos, ya sea para la esclavitud o para la prostitución. Mientras que las drogas y las armas se suelen vender una sola vez, a las mujeres y a los niños que atrapan para la prostitución pueden venderlos muchas veces durante el día. Se calcula que en la actualidad hay más esclavos en la tierra que en toda la historia de la humanidad, una cifra de aproximadamente 27 millones. La mayoría de ellos son mujeres y niños que son vendidos para servicios sexuales, la mayoría menores de dieciocho años.[2]

En este mismo momento este delito contra la humanidad se está perpetrando en cada continente de la tierra. Si usted vive en una gran ciudad, hay grandes probabilidades de que en la zona donde vive se esté llevando a cabo el tráfico sexual, pero igualmente prevalece en áreas rurales o en lujosas casas de los suburbios de barrios elegantes. De vez en cuando escuchará acerca de restaurantes que los han cerrado porque todos sus empleados eran importados del Lejano Oriente y trabajaban como esclavos en la cocina.

Las personas que no tienen vínculos familiares son a menudo las víctimas de los esclavistas. En Europa del Este, a medida que las economías cambiantes forzaron a los padres a buscar trabajo en otros países, la nueva cultura de "huérfanos" se convirtió en la cosecha madura ideal para los traficantes, quienes hicieron tratos con los directores de orfanatos para raptar a jóvenes mujeres e importarlas a zonas donde la prostitución es legal, lo que muestra que legalizar la prostitución produce el efecto contrario a lo que se pretende. En los lugares donde el sexo se vende y se regula legalmente, la prostitución ilegal siempre florece, en especial la explotación de los niños.[3]

En áreas de extrema pobreza tales como el sureste de Asia o Suramérica, no es raro que una familia pobre "venda" a sus hijos a la prostitución en las ciudades más grandes con el objetivo de crear una fuente de entrada para ellos. En tales zonas las chicas y los chicos que son rescatados de la prostitución y regresan a la casa, casi siempre los vuelven a vender a los esclavistas.

La nación de Suecia recientemente dio un paso revolucionario al catalogar la prostitución como una violación de los derechos humanos, un delito contra la dignidad de las mujeres como grupo y como individuos en particular, ya sea que decidan hacerse prostitutas o no. Visto así, consideran a las trabajadoras sexuales como explotadas de modo que, si a alguna mujer se le arresta por prostitución, ofrecen un rescate en vez de un castigo, pero tienen penas severas para los proxenetas y para aquellos que buscan contratar prostitutas. Esto ha hecho de Suecia y de sus naciones vecinas un lugar poco atractivo para los traficantes; mientras en zonas como Amsterdam y Bangkok esta industria todavía es floreciente.

Este es un asunto que demanda ideas revolucionarias pues en algunas zonas implica que se analicen y se transformen los valores culturales intrínsecos. Si los padres y las madres consideran como aceptable el hecho de vender a sus hijos, entonces hay algo mal a un nivel muy profundo y fundamental.

Sin embargo, cada vez se dedica más atención a estos asuntos y organizaciones alrededor del mundo están empezando a tratarlos de maneras muy reales. La mayoría de esas organizaciones se enfocan en tres áreas principales: la creación de conciencia, la intervención estratégica (previniendo los secuestros o reclutamientos) y la restauración (el rescate y la rehabilitación de las víctimas). Todos estos esfuerzos necesitan de nuestras oraciones y apoyo.

Una idea revolucionaria que vi recientemente enmarca los esfuerzos de una organización abolicionista llamada *Not For Sale* (No se vende) que decidió abordar la tentación que existe en la región amazónica de vender niños a los esclavistas. Pensaron que si podían crear una fuente de ingresos viable y duradera, muchas de las razones para ceder ante los esclavizadores se eliminarían. Así que, luego de una serie de reuniones con líderes de negocios y con otras partes interesadas, a la organización se le ocurrió la idea de crear un té que pudiera cosecharse en la zona del Amazonas para venderlo a las tiendas de comida de Estados Unidos y también en línea, se llama REBBL (por las siglas en inglés de "raíces, extractos, bayas, corteza y hojas"). Puede conocer más acerca de esto en el sitio web de la compañía en rebbltonic.com, o en el sitio de *Not For Sale* en www.notforsalecampaign.org.

Una de las cosas más notables que veo en este empeño es que, en su esencia, *Not For Sale* no está simplemente evitando que los niños caigan en la esclavitud, sino que está abordando la cultura de explotación en su conjunto con una solución sostenible. No solo están trabajando en la prevención, la intervención y la restauración que se necesitan para detener la trata, sino que también están eliminando la necesidad al facultar a las comunidades para que busquen oportunidades económicas alternativas. Me gusta la forma en que un pastor de una nación en persecución lo describe: "No oro por una carga más ligera sino por una espalda más fuerte". Como hizo Ester quien, en vez de orar por rescate, hizo una petición que iba a capacitar a su pueblo para salvarse por ellos mismos. Not For Sale está haciendo esto con su compañía de té REBBL.

Con demasiada frecuencia, cuando queremos ayudar a los necesitados, pensamos como las organizaciones de caridad en vez de como innovadores. Ciertamente no quiero hacer cambiar de parecer a alguien que quiera dar a los necesitados, pero también tenemos que pensar en la idea de cómo "enseñar a pescar" en vez de no solo "dar un pescado". Como dice el antiguo proverbio: "Dale un pescado a un hombre y comerá un día; enséñalo a pescar y comerá toda la vida". Cuando tratamos asuntos como estos, debemos tener presente la necesidad de facultar a las personas para que encuentren una forma de salir de su situación desesperada por ellos mismos, en vez de simplemente proveerles un medio de mantenerse vivos pero atrapados en el ciclo de la explotación. Muy raras veces nos damos cuenta de que Dios no solo interviene con su presencia consoladora o con su poder obrador de milagros, sino también con ideas para buscar soluciones alternativas e innovaciones notables que transformarán a las culturas. Si bien Dios puede curar las dolencias y las enfermedades de manera sobrenatural, la medicina y las terapias para sanar a los enfermos o curar heridas también provienen de la inspiración de Dios. No tiene que ir muy lejos para encontrar ejemplos de logros extraordinarios en el campo de la medicina que fueron fruto de cristianos devotos que querían ayudar y sanar a aquellos que más lo necesitaban. Como regla, me he dado cuenta de que las ideas humanas pueden ayudar por un momento, pero las ideas de Dios pueden proveer soluciones permanentes y facultar a las personas para que regresen a un lugar de autodeterminación y dignidad.

LA PERSECUCIÓN RELIGIOSA

El siglo veinte vio a más cristianos morir por su fe que los que han muerto en toda la historia de la cristiandad.[4] Una importante razón para ello fue el auge del comunismo y del socialismo, que declararon la religión como el "opio de los pueblos" y trataron de "limpiar" sus naciones, purgándolas de judíos y cristianos. Esto se aquietó hasta cierto punto en la segunda mitad del siglo pasado, pero con la llegada del siglo veintiuno, estamos viendo los números elevarse otra vez, principalmente en el mundo árabe. La Primavera árabe, que tuvo lugar no hace mucho tiempo, deseaba la democracia y una mayor libertad, pero el resultado está frustrando esas esperanzas, especialmente para los cristianos en esas zonas que están viviendo una persecución cada vez más intensa porque los grupos fundamentalistas islámicos radicales están ganando control. En la actualidad, hablar abiertamente acerca de su cristianismo en esos lugares es arriesgarse a que les quemen la casa o golpeen a su familia. Se estima que aproximadamente 150,000 mueren cada día como resultado de revelar su cristianismo.[5] ¡Eso significa más de 400 personas cada día! En muchas ocasiones acosan o llevan a prisión a un número similar.

Mientras estoy escribiendo esto, a nivel mundial se

están haciendo súplicas por un pastor que está preso en Irán, a quien han condenado a pena de muerte por compartir su fe. Hay una madre sentada en una prisión en Pakistán, donde la han visto ya por tres años, en espera de ser ejecutada después que la acusaron de blasfemar contra el profeta Mahoma debido a su fe en Jesús. Y estas son solo las historias que han llamado la atención de la prensa. Otros viven con temor de la policía o de las pandillas que irrumpen en las celebraciones de la iglesia o en las reuniones de oración. Alrededor del mundo, valientes hermanos y hermanas saben lo que significa tomar su cruz y seguir a Cristo, porque al hacerlo arriesgan sus vidas cada día.

Lo insto a revisar los sitios web de organizaciones como Puertas Abiertas o La Voz de los Mártires y suscribirse a sus boletines informativos y listas de oraciones. Comparta con otros las historias que encuentre allí y anímelos a orar. Apoye a estos hermanos y hermanas en Cristo para que se mantengan firmes en su fe y para que Dios los guíe y los conduzca a medida que comparten su verdad. Involúcrese con organizaciones que luchan por el derecho humano a practicar la fe de sus propias convicciones, porque en ese terreno de libertad no hay dudas de que el evangelio de Jesucristo prevalecerá.

Pobreza y hambre

Actualmente en nuestro mundo, a pesar de la tecnología que tenemos y de la abundancia de nuestro planeta, aproximadamente el ochenta por ciento de las personas de la tierra viven con menos de diez dólares diarios.[6] Eso significa más de cinco mil millones de personas. Como promedio, un niño muere cada cuatro segundos debido a la malnutrición o a enfermedades prevenibles, lo que significa aproximadamente 21 000 niños cada día.[7] Eso es sin contar a aquellas personas que mueren simplemente por estar en zonas de guerra o debido a desastres naturales, que siempre golpean más duro a los más pobres y vulnerables. Más de 780 millones de personas en el mundo no tienen acceso al agua potable[8] y un número aún mayor no pueden acceder a los servicios de salud o a una educación decente.

Algunos miran la pobreza y dicen: "Bueno, Jesús nos dijo que los pobres siempre estarían con nosotros". Y eso es cierto pero, al mismo tiempo, Dios le dijo a Israel:

> Para que así no haya en medio de ti mendigo;
> porque Jehová te bendecirá con abundancia en
> la tierra que Jehová tu Dios te da por heredad
> para que la tomes en posesión, si escuchares

fielmente la voz de Jehová tu Dios, para guardar
y cumplir todos estos mandamientos que yo te
ordeno hoy.
—DEUTERONOMIO 15:4–5

Como parte de una sociedad a la que Dios ha bende-
cido tanto, parece bárbaro no perturbarse cuando hay
niños que se van a la cama con hambre cada noche y
otros que no despertarán en la mañana por razones que
son fácilmente prevenibles.

Al mismo tiempo, estos números están bajando. En
los últimos veinte años la pobreza extrema se ha reducido a la mitad.[9] Según la Organización Mundial de la
Salud (OMS), las tasas de mortalidad en África debido
a la malaria se han reducido en un 33 por ciento desde
el año 2000.[10] Tenemos los medicamentos, tenemos la
tecnología y el cambio está ocurriendo. El problema es
que no está sucediendo lo suficientemente rápido como
para salvar a los niños que irremediablemente morirán
el día de hoy.

Uno de los mayores obstáculos en el camino de
mantener estos números en una espiral hacia abajo es
la crisis económica global que hemos enfrentado en la
segunda mitad de la última década. El dinero para lograr que esos programas se mantengan es un pequeño
porcentaje de lo que era hace una década y, a pesar de

ello, en los esfuerzos que está haciendo Estados Unidos para equilibrar su presupuesto nacional, este dinero tan necesario se sigue reduciendo (una razón más para que nosotros oremos por nuestros líderes). La corrupción en el gobierno, la mala administración y la ineficiencia desafían la implementación de los programas que ya se están ejecutando. La avaricia empresarial echa el dinero en cofres que ya se están desbordando en vez de permitir que fluya hacia aquellos que más lo necesitan. ¿Vamos simplemente a flotar para dejar que nos barra la corriente política que alimenta el caos, o estamos dispuestos a atravesar las políticas de los partidos y convertirnos en parte de la solución que nuestro mundo necesita? Y, por supuesto, no se trata solo acerca de la política. Hay otras organizaciones que hacen el bien y que necesitan nuestro apoyo financiero y nuestras oraciones.

Si las cosas continúan como están, podríamos ver el fin de la pobreza extrema antes del año 2030, lo que significa en algún momento de nuestras vidas. Pero para mantener este cambio en un camino positivo, tenemos que involucrarnos y expresar nuestro apoyo en los salones tanto del gobierno celestial como del terrenal.

Shalom en la Tierra Santa

Las Escrituras nos dicen claramente:

> Pedid por la paz de Jerusalén;
> Sean prosperados los que te aman.
>
> —Salmo 122:6

Y Dios le dijo a Abraham:

> Bendeciré a los que te bendijeren,
> y a los que te maldijeren maldeciré;
> y serán benditas en ti todas las familias de la
> tierra.
>
> —Génesis 12:3

Por eso no hay dudas de que orar por la paz en Israel es algo que todos necesitamos añadir a nuestra lista de oración intercesora. Debido a que Israel se convirtió en una nación otra vez en 1948, un evento más bien profético en sí mismo y por sí mismo, no ha habido descanso entre judíos y árabes en la región por el hecho de tener una nación que puedan considerar propia. El control de Jerusalén ha estado en el centro de esta batalla desde que los israelíes tomaron posesión total en 1967. Según los eventos recientes, no parece que las cosas se resolverán o que habrá una solución pacífica a los problemas entre los árabes y los judíos en un futuro cercano. Independientemente de eso, necesitamos mantener a Jerusalén, a Israel y a los palestinos continuamente en nuestras oraciones y al inicio de nuestras listas de oración de las naciones por las que oramos con regularidad.

¿Dónde debemos enfocarnos?

Y, por supuesto, hay muchos otros asuntos tan importantes como estos, tan amenazadores de la vida y de la libertad, algunos incluso en nuestros propios hogares. Asuntos como la violencia doméstica, las drogas, el abuso, el incesto, el asesinato, las violaciones y otros delitos, huérfanos a causa de las guerras y del SIDA, niños que están siendo usados como soldados, corrupción política y empresarial, terrorismo y muchos, muchos más. Sería fácil que tanta maldad nos abrumara, razón por la cual muchos esconden la cabeza en la arena y prefieren estar entretenidos o distraídos. Prefieren ver *Entertainment Tonight* que tomarse el trabajo de aprender algo más acerca de los conflictos en el Oriente Medio. Hasta cierto punto no los puedo culpar pero, por otra parte, ya que somos aquellos que el cielo ha equipado, ¿somos realmente cristianos responsables si pasamos días y días sin interceder en oración?

Como alguien dijo en cierta ocasión: "El amor verdadero es hablar con Dios acerca de las personas; no es hablar con las personas acerca de Dios". El llamado a amar a otros como Cristo nos amó a nosotros (Juan 15:12) tiene que comenzar en nuestra oración por otros. Pero no tenemos que enfrentarnos al mundo, ¡Jesús ya hizo eso por nosotros, y ganó! Nuestra parte no es ganar una nueva victoria sobre el mal; es entrar en la victoria que Jesús ya ganó. Cuando nos ponemos nuestra armadura de oración estamos, en esencia, poniéndonos la armadura de Cristo y entrando con Él en la intercesión. Como dijo John "Praying" Hyde, refiriéndose a esta unión en intercesión con Jesús:

> ...tiene una influencia sobre nuestro Padre, porque contempla la vida de oración de Cristo en nosotros y responde consecuentemente. De modo que la respuesta es "más allá de lo que podamos pedir o entender"....La vida de oración de Cristo entra en nosotros y Él ora en nosotros. Esto es orar en el Espíritu Santo. Solo entonces podemos orar sin cesar...Nunca más nos esforzaremos por tener una vida de oración solo para fracasar constantemente. Jesús entra en el bote y el trabajo duro cesa y estamos en el lugar donde debemos estar. Ahora, necesitamos estar quietos delante de Él, de modo que

podamos escuchar su voz y permitirle que ore en nosotros, es más, permitirle que derrame en nuestras almas su desbordante vida de intercesión, lo que literalmente significa: un encuentro *cara a cara* con Dios, una *unión* y una *comunión* reales.[11]

Nuestra tarea no es preocuparnos. Ciertamente, podemos conmovernos por las cosas que vemos y actuar lo mejor que podamos para contrarrestarlas, pero debemos confiar en que Jesús nos dirigirá en oración. Tenemos que disciplinarnos para dedicar un tiempo a la oración, con el objetivo de prepararnos para entrar a la corte del cielo con nuestras notas listas, con las cosas que vamos a pedir bien claras y con nuestras promesas de las Escrituras a mano, pero una vez que entremos, debemos darnos cuenta de que nosotros no somos los inteligentes; es Jesús. Necesitamos seguir su liderazgo. Necesitamos escuchar lo que Él está orando y seguir esa línea de pensamiento. Necesitamos abrirnos al liderazgo y a las oraciones del Espíritu Santo y enfocarnos en aquello a lo que nos dirija. Es posible que haya momentos en los que le dé una sola cosa para orar hasta que reciba una respuesta en su espíritu y sepa que se ha cumplido, y en otras ocasiones mencionará los asuntos de su lista y simplemente pasará tiempo adorando a Dios.

Mientras lo hace, comenzará a darse cuenta de que piensa en estas cosas más a menudo, no con una actitud de "¡ay, qué terrible!" sino como un proceso paso a paso para enseñarle cómo caminar en las respuestas para esos problemas a medida que Dios plante ideas y las alimente en su espíritu humano. Se dará cuenta de que tiene la actitud de ser parte de la solución en vez de parte del problema. Se dará cuenta de que está orando todo el día, independientemente de lo que esté haciendo. Esta es la vida a la que Dios nos ha llamado y creo que es la vida que realmente vale la pena vivir, la vida en la que sus palabras y sus hechos siempre concuerdan.

PALABRAS Y HECHOS

El poder de alinear sus palabras con las de Él

*Si permanecéis en mí, y mis palabras permanecen
en vosotros, pedid todo lo que queréis, y os será
hecho. En esto es glorificado mi Padre, en que
llevéis mucho fruto, y seáis así mis discípulos.*

JUAN 15:7–8

*El espíritu es el que da vida; la carne para
nada aprovecha; las palabras que yo os
he hablado son espíritu y son vida.*

JUAN 6:63

Mucho se ha escrito acerca del poder de la palabra declarada sobre el ambiente que nos rodea y en el reino del Espíritu. Si ha leído cualquiera de mis libros, especialmente *Declara bendición sobre tu día*, estará familiarizado con muchas de esas ideas (y si no ha leído ese libro, le sugiero que lo haga). En un sentido muy real, nuestras palabras pueden cambiar la atmósfera que nos rodea. Ese es el poder de la oración intercesora y cuando comenzamos a declarar en nuestra vida diaria las cosas que oramos en privado, el cambio se hace visible. Necesitamos darnos cuenta de que, de una manera muy tangible, nuestras palabras, *en su conjunto*, conforman nuestras realidades.

Al haber enseñado esto durante algún tiempo y en varios lugares, he visto personas que cometen dos errores críticos a la hora de comprender esta verdad. El primero es que piensan que pueden declarar lo que quieren que suceda pero no se rinden verdaderamente a lo que está en las Escrituras. Por tanto, no son capaces de combinar lo que están diciendo con una fe genuina. De modo que se requiere que inviertan más tiempo estudiando la Palabra de Dios para que puedan expresar la verdad de las Escrituras en lo que están diciendo. El segundo es que creen que pueden declarar una cosa en oración y otra en su vida diaria y que sus dudas fortuitas, su negatividad y su incredulidad no afectarán aquello que están declarando que sucederá por medio de la fe.

Esta no es la forma como Dios lo planeó. Mire, por ejemplo, el libro de Santiago, que trata este asunto de principio a fin. Santiago nos advierte que el poder de la lengua puede, con mucha facilidad, usarse incorrectamente: "La lengua está puesta entre nuestros miembros, y contamina todo el cuerpo, e inflama la rueda de la creación" (Santiago 3:6). Nos advierte que debemos ser "prontos para oír, tardos para hablar, tardos para airarnos" (Santiago 1:19) porque, ya que la lengua es tan potente, nunca debemos hablar con brusquedad o enojo. ¿Por qué? Porque lo que decimos importa. Lo que decimos puede o edificar o envenenar la realidad. Al mismo tiempo, nos dice que la lengua es muy poderosa: "Si alguno no ofende en palabra, éste es varón perfecto, capaz también de refrenar todo el cuerpo" (Santiago 3:2).

Ahora bien, sé que algunos tienen inconvenientes con la palabra *perfecto*. Todos hemos escuchado la frase "nadie es perfecto" tantas veces que parece que hasta podemos ser capaces de referenciarla con capítulo y versículo. Aparece en el libro de Proverbios en algún lugar, ¿no es cierto? Hemos asociado esa palabra con la arrogancia descarada, los estándares inalcanzables o las expectativas irrazonables. Pero aquí en Santiago esa palabra significa "completo" o "maduro".[1] Dicho de otra forma, alguien que controla su lengua es adulto. Los caprichos de la adolescencia y la juventud no dirigen sus actos. No se lanzan al piso a hacer berrinches. Son personas con un objetivo y un propósito, que se enfocan en lo que tienen delante y alinean sus palabras y su conducta consecuentemente. Esto tampoco los hace severos y malhumorados. Los hace intencionados. Disfrutan la vida. Disfrutan su trabajo. Disfrutan su familia. Disfrutan su iglesia. Son la clase de personas que van a algún lugar, ellos pasan por la vida; la vida no simplemente pasa por ellos.

Esta es la clase de personas que no lanzan palabras simplemente como si fuera un conjuro mágico que les traerá lo que quieren. Usan lo que dicen para establecer su rumbo. Como dice Santiago:

> He aquí nosotros ponemos freno en la boca de los caballos para que nos obedezcan, y dirigimos así todo su cuerpo. Mirad también las naves; aunque tan grandes, y llevadas de impetuosos vientos, son gobernadas con un muy pequeño timón por donde el que las gobierna quiere. Así también la lengua es un miembro pequeño, pero

se jacta de grandes cosas. He aquí, ¡cuán grande
bosque enciende un pequeño fuego!
—Santiago 3:3–5

Decir lo que queremos, apoyándonos en promesas
de la Biblia que están de acuerdo con nuestros deseos
o por aquello por lo que estamos intercediendo y repe-
tirlas una y otra vez es relativamente fácil. Cualquiera
puede hacer eso. Y si bien eso es algo bueno, ese es tan
solo el comienzo. Si usted coloca el freno en una dirección, pero el resto del caballo no va en esa dirección,
¿de qué le vale? Si usted gira el timón, pero el curso del
barco sigue siendo el mismo, ¿qué provecho tiene tratar
de tener el control? No, solo cuando el resto de nuestro
ser se dispone a seguir la dirección que estamos mar-
cando al usar el freno o el timón es que de veras cam-
biamos nuestras vidas o las vidas de otros por medio de
nuestras oraciones. Fíjese que los vientos de la vida todavía soplan, pero cuando usamos nuestra lengua como
el timón de nuestras acciones y actitudes, los vientos
no controlan hacia dónde vamos; lo hacen nuestras
palabras.

Como está escrito en otra parte del libro de Santiago, cuando empezamos a conducir nuestras vidas
por nuestras palabras, somos más lentos para hablar
porque sopesamos todo lo que sale de nuestras bocas

más concienzudamente. Queremos decir cosas que en verdad representan lo que queremos decir y conducirnos en la dirección correcta. Evitamos decir palabras que contradicen nuestra fe o nuestras oraciones. No menospreciamos a otros ni les escupimos veneno con las mismas bocas que usamos para alabar a Dios. Como dicen las Escrituras: "¿Acaso alguna fuente echa por una misma abertura agua dulce y amarga? Hermanos míos, ¿puede acaso la higuera producir aceitunas, o la vid higos? Así también ninguna fuente puede dar agua salada y dulce" (Santiago 3:11–12).

No solo eso sino que, lo más importante de todo, nuestras acciones y actitudes comienzan a alinearse en la dirección que nuestras palabras están declarando. Nos hacemos "perfectos" en palabras y hechos a medida que ambos se alinean para cumplir aquello para lo que hemos sido puestos en la tierra. Nos hacemos "íntegros" en el sentido más básico de la palabra: se produce una alineación del cien por ciento entre lo que somos en el interior y lo que somos en el exterior. Así como el acero u otra aleación de alta integridad, nuestros motivos y acciones son totalmente puros y entonces se produce una gran fortaleza.

Las palabras son una fuerza espiritual. Son contenedores que almacenan nuestros pensamientos, intenciones y sentido, herramientas que transforman en obras de arte nuestras vidas y las vidas de los que nos rodean. Sin embargo, un escultor que no entiende sus herramientas, sus propósitos y el modo de usarlas no creará nada que sea digno de exhibirse. De la misma manera debemos usar el lenguaje y la Palabra de Dios para ser capaces de escoger la palabra correcta para la ocasión correcta. Debemos tanto controlar como comprender lo que sale de nuestra boca. No se usa un mazo para limar los filos y no se pueden refinar los detalles con un martillo neumático. Lo mismo sucede cuando hablamos con Dios o con los seres humanos. Las palabras que escogemos en público o en nuestras cámaras de oración son más importantes de lo que usted piensa.

Las oraciones obran maravillas, o pueden crear errores garrafales si no comprendemos el poder de la palabra hablada. No estamos tratando de decir que Dios hará cosas que Él sabe que son mala idea o que nacieron del egoísmo. La oración no es manipulación y tampoco debe serlo nuestro discurso, incluso si estamos tratando de persuadir a nuestros colegas o de convencer a nuestros hijos sobre algo. Cuando vamos a Dios en oración, le estamos recordando su naturaleza en alabanza, celebrando sus promesas con nuestras peticiones y abrazando su amor a medida que hablamos en nombre de otros. No estamos torciendo las cosas para poder salirnos con la nuestra. Estamos poniéndonos de acuerdo con Dios para ver la manifestación de su reino.

Entonces, cuando "dejamos" la oración, salimos al mundo y hablamos de la misma forma. No contradecimos la fe que expresamos en oración con dudas que expresamos a otros. Este es un significado de "orar sin cesar": lo que decimos a otros durante el día está alineado con lo que hablamos con Dios en privado. Y entonces nuestras acciones y actitudes son consecuentes con ello. Todo nuestro ser se enfoca en nuestras metas y propósitos con la precisión de un rayo láser. No solo eso, sino que también comenzamos a afectar la atmósfera dondequiera que vamos. Es como si camináramos en una gran nube del reino de Dios y, a medida que visitamos más lugares y que somos más consistentes alineando nuestras palabras y acciones con la Palabra y la voluntad de Dios, la nube crece cada vez más alrededor de nosotros y sobre aquellos con los que interactuamos cada día.

Cuando cómo vivimos, quiénes somos y qué decimos está todo alineado, se convierte en una poderosa fuerza para el bien. Como lo dijo E. M. Bounds en su libro *La necesidad de la oración*:

> La oración se basa en el carácter. Lo que somos
> con Dios calibra nuestra influencia en Él. Fue

el carácter interior, no la apariencia externa, de hombres como Abraham, Job, David, Moisés y muchos otros, lo que ejerció tan grande influencia en Dios en los días pasados. Y, en la actualidad, no es tanto nuestras palabras como lo que somos realmente, lo que pesa delante de Dios. La conducta afecta el carácter, por supuesto, y es muy importante en nuestra oración. Al mismo tiempo, el carácter afecta la conducta en un grado mucho mayor y tiene una influencia superior sobre la oración. Nuestra vida interior no solo da color a nuestra oración, sino también cuerpo. Vivir mal significa orar mal y, al final, ninguna oración en lo absoluto. Oramos débilmente porque vivimos débilmente. La corriente de oración no se puede elevar por encima de la fuente de vida. La fuerza de la cámara interior surge de la energía que fluye de las corrientes de vida que confluyen. Y la debilidad de la vida surge de la superficialidad y la mala calidad del carácter.

La debilidad de la vida se refleja en la debilidad y la languidez en las horas de oración. Simplemente no podemos hablar con Dios con fuerza, con intimidad y confianza a menos que estemos viviendo para Él, con fidelidad y autenticidad. Dios no puede santificar la cámara de oración cuando la vida está ajena a sus preceptos y propósitos. Tenemos que aprender bien esta lección: el carácter justo y la vida piadosa nos dan la posibilidad de estar ante Dios en oración de una manera preferencial y peculiar.[2]

Las palabras crean nuestro mundo

Todas nuestras palabras comienzan con pensamientos que resultan de los ácidos nucleicos y de los impulsos bioquímicos que se disparan entre las sinapsis en nuestro cerebro. Esto construye grupos de dendritas, o sendas ramificadas que crean paradigmas o marcos dentro de los que definimos los elementos y las experiencias de nuestro mundo. A medida que procesamos la información, nuestros pensamientos producen vibraciones en nuestras cuerdas vocales que encuentran su expresión a través del fenómeno del habla. Para ver un cambio permanente, usted debe tener un paradigma de cambio permanente. Usted no crea una senda en un bosque tomando una ruta diferente cada vez que lo cruza. Tiene que ser coherente en sus palabras, oraciones y acciones. Si estamos enfocados y somos intencionales en nuestros pensamientos y nuestro discurso, alteramos de modo permanente nuestras percepciones y nuestros hábitos y de esa manera alineamos nuestras acciones con aquello que estamos creyendo en oración, creando un estilo de vida de piedad y poder.

Hebreos 11:3 nos dice: "Por la fe entendemos haber sido constituido el universo por la palabra de Dios, de modo que lo que se ve fue hecho de lo que no se veía". Santiago 2:17 afirma: "La fe, si no tiene obras, es muerta en sí misma". Sus expectativas, pensamientos y creencias se manifiestan en su discurso y cambian las cosas a su alrededor. Aunque a un grado menor, es el mismo principio por el que Dios habló para crear el mundo en Génesis capítulo 1. Formó ideas de lo que quería, infundió esos significados en palabras, las habló a la nada y surgió el universo en el que vivimos hoy. Él es el Dios que "llama las cosas que no son, como si fuesen" (Romanos 4:17). Esa es la forma en que los pensamientos se convierten en cosas. Usted está, literalmente, creando realidades por sus oraciones y sus palabras. Lo está haciendo cada día con los pensamientos y las cosas que está pensando, las palabras que está hablando y las oraciones que, como resultado, está orando.

Si bien sigue siendo cierto que la clave para ver algo es creerlo primero, hay, de hecho, evidencia científica para apoyar el concepto de que sus palabras conforman su mundo. El hecho de ver algo no siempre da como resultado que lo creamos, pero el hecho de creer hará que lo veamos.

Algunas de las mejores evidencias científicas detrás del concepto de que usted crea su propia realidad pueden verse a través del estudio de los electrones. Los electrones son un componente fundamental (algunos incluso dicen que son los "ladrillos") de toda la materia. Los electrones no son partículas que a veces se convierten en ondas, ni son ondas que a veces se convierten en partículas. En vez de ello, en un ambiente libre de estímulos, los electrones existen en un estado potencial hasta que algo interactúa con ellos. Los electrones son, de alguna manera, todo y nada, ondas y partículas al mismo tiempo. Existen en un estado potencial hasta que usted u otra cosa los observa/interactúa con ellos. Sin embargo, la observación no es lo más importante que dicta la forma que toman los electrones. Lo más importante es la expectativa (el pensamiento) del que observa.

Esta es una conclusión a la que se ha arribado como resultado del "experimento de la doble rendija". Durante este experimento los científicos colocaron un cañón de electrones en una cámara libre de estímulos. Luego lo dirigieron hacia una pared que tenía dos rendijas. Había otra pared para grabar los puntos finales de aterrizaje de los electrones después que pasaban por las rendijas. El cañón disparó los electrones hacia la primera pared uno por uno pero muy rápidamente, a casi la misma velocidad a la que una ametralladora dispara las balas. Si una ametralladora dispara hacia una pared con dos rendijas, las balas producirán un patrón de huecos de bala en la segunda pared que se corresponde con los diámetros de las rendijas de la primera pared. Por tanto, debe ser casi seguro que el cañón de electrones cree los mismos resultados. Deben, de alguna manera, formar dos patrones casi rectangulares (una forma ligeramente más grande que cada rendija) en la segunda pared.

Sin embargo, eso no fue lo que sucedió en el experimento de la doble rendija. Si bien algunos de los electrones en el experimento de la doble rendija golpearon la primera pared y esta los absorbió, la mayoría de los electrones hicieron impresiones en toda la segunda pared y dichas impresiones no se correspondieron con los agujeros en lo absoluto; en vez de esto, formaron patrones de onda en la segunda pared. Luego los científicos colocaron un emisor de fotones para disparar un fotón a cada electrón a medida que viajaban hacia los dos agujeros. Se dieron cuenta de que al hacer esto cambiaron los resultados del experimento de la doble rendija. Cuando los fotones colapsaron con los electrones antes de que pasaran por uno de los dos agujeros, los electrones pasaron por uno de los dos agujeros solo para llegar a la segunda pared según el patrón de la ametralladora que esperaban ver la primera vez. Este experimento se ha repetido muchas veces y los resultados desafían a los físicos incluso hoy. El experimento claramente conduce a la verdad de que a través de la interacción vía observación y expectativa, usted está creando la forma que toma la materia.

Toda la materia que usted ve en esta dimensión física es simplemente energía vibrando de tal manera que adquiere propiedades estáticas. Cuando hace esto, uno percibe las cosas como sólidas. La materia es, sin embargo, totalmente insustancial. Aproximadamente el 99 por ciento de un átomo (elemento que conforma toda la materia que existe) es de hecho "espacio vacío". Eso significa que a través de nuestras confesiones positivas de fe o expectativas podemos influir en la forma que adquiere el mundo a nuestro alrededor. La oración, en esencia, es nuestra oportunidad de hablar el idioma del cambio. De modo que la intercesión se convierte en un estilo de vida.

Cuando usted ora y decreta algo, el sentido, propósito y fe que se invierte en sus palabras viajan a una frecuencia que afecta a todas y cada una de las cosas que fluyen a lo largo de su camino a un nivel subatómico. A esta luz los pensamientos son, de hecho, cosas. Los pensamientos adquieren vitalidad por su creencia, actitudes y emociones. Se activan por la ley de la atención enfocada. Aquello a lo que le da su consideración, aquello en lo que se enfoca, crece en términos de relevancia, importancia y significado. Las palabras, ya sean positivas o negativas, son una poderosa fuerza impulsora. Jesús dijo: "Las palabras que yo os he hablado son espíritu y son vida" (Juan 6:63). Con el objetivo de expresarse a sí misma, su fe tiene que apegarse a una imagen formada por sus palabras, de modo que la manifestación externa tenga un patrón según el cual formarse.

¿Cómo podemos desarrollar la fe que derrumba fortalezas, vence la adversidad, desafía las circunstancias y cree en Dios para lograr lo imposible? ¿Cómo podemos desarrollar la valentía para creer que los pensamientos que emanan de la mente de Dios se manifestarán en la realidad?

Dios conoce el final desde el principio y, si empleamos tiempo en oración para seguir su guía, nos lo dejará saber también. Sus planes y propósitos para la tierra pueden hacerse realidad solo a través de aquellos que tienen jurisdicción legal en nuestro planeta. Nosotros somos la clave. Pero se requiere fe. Usted tiene que desarrollar la valentía y la fe para correr el riesgo de apartarse, orar y luego sentarse tranquilo y esperar la respuesta de Dios. Así es como operamos en el reino de la fe. Así es como hacemos realidad nuestros pensamientos, ideas, sueños y visiones.

Una nota importante

Mientras oramos por otros de esta forma y declaramos la Palabra de Dios sobre nuestras atmósferas, necesitamos recordar que, así como Dios respeta la jurisdicción que cada uno de nosotros tenemos sobre nuestras propias vidas y elecciones, debemos tener el mismo respeto por aquellos por los que estamos orando. Debemos estar orando para que Dios abra los ojos de ellos de modo que puedan ver la verdad y tomar las decisiones correctas para ellos mismos (de la forma en que Dios lo hace por cada uno de nosotros cuando invocamos su nombre), no para que Dios les haga hacer esto o aquello. En todo caso, Jesús ya ha hecho todo lo que necesita hacer para asegurar que una persona sea salva, Cristo nunca más va a tener que volver a la cruz y morir otra vez, pero una vez que lo hizo, no fuerza a nadie a tomar esa decisión. Dejó en las manos de cada uno de nosotros la decisión de aceptar o no su regalo de la salvación. En su gran amor nunca nos forzará a entrar al cielo a ninguno de nosotros.

Es por eso que es importante recordar que esto no es un tipo de pensamiento mágico o que declarar las

Escrituras en alta voz sobre nuestra situación hará que suceda algo así como en las series de Harry Potter. No estamos manipulando a la gente, las atmósferas y los eventos para obtener lo que queremos; estamos declarando la voluntad de Dios sobre ellos y sus leyes y promesas para hacer cumplir esa voluntad. Una vez más, la intercesión no es manipulación; es encender la luz para que aquellos que están tropezando en la oscuridad puedan finalmente encontrar el camino hacia la puerta por ellos mismos. Recuerde, Ester no pidió que los judíos fueran salvos, pidió que los armaran y los equiparan para valerse por sí mismos.

La intercesión requiere fuerza mental y fortaleza espiritual, las que se desarrollan de la misma forma como se desarrolla su fortaleza natural. Tiene que "ejercitarse" regularmente. Tiene que meditar en el sentido de sus palabras y de la Palabra de Dios noche y día. Su forma de pensar y sus creencias tienen que alinear sus palabras y su conducta. Para llevar sus pensamientos al siguiente nivel, a la creación de ideas novedosas y de inventos innovadores, practique el pensar en términos de posibilidades durante las siguientes semanas. Crea lo mejor y hable acorde a esas creencias hasta que esto se convierta en un hábito. Cuando crea que puede ejercer una influencia en el mundo a través de la oración, cuando sea capaz de abrir su mente a lo milagroso y esperar mejores resultados, entonces comenzará a ver los cambios llevarse a cabo. Esto guiará su trabajo y Dios le mostrará respuestas y bendecirá las cosas que haga.

> La oración es lanzar un soplo de victoria al enemigo oculto. El servicio es reunir los resultados de ese soplo para los hombres que vemos y tocamos.[3]
>
> —S. D. Gordon

> Y tomad el yelmo de la salvación, y la espada del Espíritu, que es la palabra de Dios; orando en todo tiempo con toda oración y súplica en el Espíritu, y velando en ello con toda perseverancia y súplica por todos los santos.
>
> —Efesios 6:17–18

PERMITA QUE LA JUSTICIA SE DESPLIEGUE

Permita que la libertad fluya

Pero corra el juicio como las aguas, y la justicia como impetuoso arroyo.

AMÓS 5:24

El cual quiere que todos los hombres sean salvos y vengan al conocimiento de la verdad. Porque hay un solo Dios, y un solo mediador entre Dios y los hombres, Jesucristo hombre, el cual se dio a sí mismo en rescate por todos, de lo cual se dio testimonio a su debido tiempo.

1 TIMOTEO 2:4–6

Cuando Martin Luther King Jr. citó Amós 5:24 en su discurso "Tengo un sueño", no lo hizo a la ligera. Para él la justicia era una parte central de la naturaleza de Dios. Me gusta la manera en que escuché a Cornel West describirla en cierta ocasión: "La justicia es la manera como luce el amor en público". Es el amor verdadero y nadie debe ser mejor ejemplo de él que aquellos de nosotros que seguimos a Jesús.

Muchas personas confunden la *justicia* con la retribución o la venganza. Piensan en el hecho de llevar a alguien a la corte y "desquitarse" por lo que aquella persona tomó o dañó. Solo tiene que ver algunos programas de la televisión vespertina que muestran la realidad de las cortes de justicia y enseguida se dará cuenta de lo que estoy diciendo. Las personas están tratando de desquitarse por algo que alguien les hizo.

Sin embargo, el cristianismo es diferente. Según el ideal de Cristo, una persona nunca tendría que llevar a otra a la corte sino que debían ser capaces de resolverlo por ellos mismos entre las dos partes.

> Ponte de acuerdo con tu adversario pronto, entre tanto que estás con él en el camino, no sea que el adversario te entregue al juez, y el juez al alguacil, y seas echado en la cárcel. De cierto te

digo que no saldrás de allí, hasta que pagues el
último cuadrante.

—MATEO 5:25–26

Además, Dios nos dice: "Mía es la venganza, yo pagaré" (Romanos 12:19). Y Jesús lo dijo de esta manera: "Bendecid a los que os maldicen, y orad por los que os calumnian" (Lucas 6:28). De hecho, parece que Dios tiene una idea muy diferente de la justicia a la que tenemos muchos de nosotros.

SE HIZO JUSTICIA

Uno de los primeros actos de justicia que vemos llevarse a cabo después de la cruz involucra a un perseguidor de la iglesia naciente y, cuando menos, cómplice de asesinato. Era legalista hasta los huesos y persiguió a los seguidores de Jesús con lo que él pensaba que era una venganza divina. ¿Su nombre? Saulo de Tarso.

El libro de Hechos nos dice que Saulo estuvo al lado y sostuvo la ropa de los hombres que apedrearon a Esteban hasta matarlo para que no se salpicaran con sangre. En Hechos capítulo 9 lo vemos camino a Damasco con cartas que lo autorizaban a extraditar en cadenas hacia Jerusalén a cualquier cristiano que encontrara allí. Dios miró a este fanático sediento de sangre y ¿sabe lo que vio? Un hombre por el que su Hijo había entregado su vida. De modo que, en vez de enviar un rayo para que lo matara en el instante, envió a Jesús.

Entonces Jesús se le aparece a Pablo con un resplandor tan impactante que lo hace caer de su caballo al suelo y lo deja ciego. Tampoco se anda por las ramas. Jesús va directo al grano. "Saulo, Saulo", dice (me lo imagino sacudiendo la cabeza), "¿por qué me persigues?"[1] (Fíjese que Jesús no pregunta: "¿Por qué persigues a mis seguidores?" Para Él, esto es algo muy personal).

Saulo responde: "¿Quién eres, Señor?"

"Yo soy Jesús, a quien tú persigues; dura cosa te es dar coces contra el aguijón".

Ahora, como algo aparte, ese comentario me resulta muy interesante: "Dura cosa te es dar coces contra el aguijón". Un aguijón es algo que se usa para ayudar a un hato de ganado o a un rebaño de ovejas a seguir el camino correcto por donde debe ir. El "camino correcto", por supuesto, es la dirección adonde los vaqueros o los pastores quieren que vayan los animales. Era la forma de decirle a Saulo, como le diría en una playa de California: "¡Amigo, estás tomando el rumbo equivocado!". Esto una vez más implica que el Pastor tenía un plan diferente para la vida de estas ovejas en particular. Aquí Jesús está tratando de dirigir a Saulo de Tarso para que se convierta en Pablo el apóstol y Saulo está luchando contra él con todo lo que tiene.

Jesús trata de empujarlo en una dirección y Saulo se da la vuelta y ataca a las mismas personas a las que Jesús envió a su vida para tratar de ayudarlo.

De modo que Jesús decide interceptarlo Él mismo. Una vez que Jesús se muestra en la vida de alguien, las cosas cambian de una manera muy significativa.

Como hombre sabio que es, una vez que Jesús se muestra, Saulo se da cuenta de sus errores. De inmediato conecta todos los puntos de su vida, todos los lugares donde Dios ha intentado alcanzarlo con la verdad, todas las personas que Dios puso en su vida para enseñarlo acerca de su verdadera naturaleza y se da cuenta de que es tiempo para cambiar. Ahora, en ese instante, no el día siguiente ni la próxima semana, el corazón de Saulo cambia de inmediato. "Señor, ¿qué quieres que yo haga?".

Aunque usa la misma palabra, "Señor", en las dos ocasiones en las que habla en este relato, creo que significa algo muy diferente en cada una de esas ocasiones. La primera vez está hablando a una autoridad, como el señor de una mansión o de una hacienda; la segunda vez está hablando a su Señor y Salvador. El corazón de Saulo cambia en un abrir y cerrar de ojos. Como él mismo lo describió más tarde: "Las cosas viejas pasaron; he aquí todas son hechas nuevas" (2 Corintios 5:17). Al fin y al cabo, ¿acaso no fue Saulo (Pablo) el que escribió: "Si confesares con tu boca que Jesús es el Señor, y creyeres en tu corazón que Dios le levantó de los muertos, serás salvo" (Romanos 10:9)? Él conocía el poder de proclamar a Jesús como Señor.

Entonces Jesús respondió: "Levántate y entra en la ciudad, y se te dirá lo que debes hacer".

De modo que Jesús no solo detuvo a Saulo en su camino. Él lo cambió. Quitó una herramienta de las manos del diablo que estaba tratando de barrer el cristianismo de la faz de la tierra incluso antes de que se llamara cristianismo y lo convirtió en el mayor defensor y catalizador del cristianismo que el mundo haya conocido. ¡Este es el hombre, al fin y al cabo, que escribió aproximadamente tres cuartos del Nuevo Testamento! Y ni siquiera caminó junto a Jesús, si hubiera estado allí, probablemente habría sido uno de los que gritaron "¡Crucifícale! ¡Crucifícale!".

En un mundo donde el pecado ha sido pagado de una vez y para siempre a través de la cruz, la justicia ya no es retribución. Dios no va a matar a Saulo por matar a Esteban; en vez de esto, lo va a contagiar con el fervor que tuvo Esteban. ¡Y lo va a hacer diez veces más el evangelista que fue Esteban!

Saulo (Pablo) también conocía la gravedad de esto. Es por eso que escribió lo siguiente, citando Proverbios 25:21–22, acerca de la justicia en el libro de Romanos,

la carta que constituye la piedra angular de todo lo que
escribió:

> "Así que, si tu enemigo tuviere hambre, dale de
>   comer;
>   si tuviere sed, dale de beber;
>   pues haciendo esto, ascuas de fuego
>   amontonarás sobre su cabeza".
> No seas vencido de lo malo, sino vence con el
>   bien el mal.
> —ROMANOS 12:20–21

LA INTERCESIÓN SIGNIFICA
TRANSFORMACIÓN

Cuando intercedemos por los perseguidos, por los oprimidos y por los explotados, necesitamos recordar que
también debemos orar por sus perseguidores, por sus
opresores y por aquellos que los están explotando. Necesitamos orar para que toda la "sanción" del cielo se
derrame sobre sus cabezas, tal como sucedió con Saulo
mientras iba camino a Damasco.

Estos delitos no se acabarán sin un cambio en el corazón de aquellos que los cometen. Si ha leído mi libro *El
arte de la guerra para la batalla espiritual*, es posible que
recuerde la historia de John Newton, quien se convirtió
en un defensor crucial del movimiento abolicionista en

Gran Bretaña junto con William Wilberforce. Junto a otros, estos hombres lucharon para acabar con la esclavitud en todo el imperio británico y triunfaron aproximadamente tres décadas antes de que la Guerra Civil desgarrara a los Estados Unidos por el mismo asunto. ¿Por qué fue la ayuda de Newton tan significativa? Porque había sido capitán de un barco de esclavos. Él mismo había llevado a cabo las atrocidades que ahora se esforzaba por eliminar. Conocía la inhumanidad del comercio porque había amenazado con quitarle su propia humanidad. Pero, así como Pablo, John Newton conoció a Jesús y todo cambió. John aprendió acerca de la "Sublime Gracia" de Dios y escribió de ella en el que es quizás el himno más grandioso y trascendente que se haya escrito jamás.

Una cosa interesante sobre esta canción es que no está escrita usando la escala de ocho notas que solemos usar en el mundo occidental, sino la escala pentatónica (de cinco notas) que es nativa de África y que se encuentra en todos los cantos espirituales afroamericanos. Literalmente puede tocar esa canción usando solo las teclas negras del piano. Es probablemente una melodía que surgió en la cubierta de uno de los barcos de Newton a medida que los esclavos que estaban allí comenzaban a cantar y trataban de alegrarse a sí mismos incluso en las condiciones más difíciles. Newton la usó como la columna vertebral de su canción y como un clamor de batalla para que los esclavos de todo el mundo lograran su libertad.

Por cada esclavo salvo, hay un esclavo salvo; pero por cada esclavizador salvo, ¡puede que miles se salven! No podemos descuidar orar tanto por los explotadores como por los explotados. Tenemos que orar por corazones cambiados en ambos lados de estos delitos, porque no hay mejor defensor que un delincuente reformado.

Y las personas deben estar orando de esta forma en todos los lugares, porque en todo el mundo árabe las personas llegan a la iglesia casi a diario diciendo que tuvieron un sueño la noche antes y que quieren saber "¿Quién es este Jesús?". Esto le ha pasado incluso a los terroristas. Dios está cambiando corazones. Dios está mostrando nuevos caminos. Como dijo Charles Finney en sus *Conferencias acerca del avivamiento*:

> ¡Oh, una iglesia que ora! Una vez conocí a un ministro que tuvo avivamientos durante catorce inviernos seguidos. No podía encontrar la razón de ello, hasta que vi a uno de sus miembros levantarse en una reunión de oración y hacer una confesión. "Hermanos", dijo, "durante mucho tiempo he tenido el hábito de orar cada sábado

por la noche hasta pasada la medianoche, para
que el Espíritu Santo descienda sobre nosotros.
Y ahora, hermanos", y comenzó a llorar, "con-
fieso que me he descuidado durante dos o tres
semanas". El secreto se había revelado. Ese ministro tenía una iglesia que oraba...Entonces,
¿acaso ustedes...no van a entrar de lleno en
este trabajo y llevar esta carga y dedicarse a la
oración, hasta que Dios derrame su bendición
sobre nosotros?[2]

Hermanos y hermanas, tenemos trabajo que hacer,
pero es un trabajo que tiene recompensas. La oración
intercesora, y el proceso de convertirse en una parte de
la respuesta a esas oraciones, es una de las aventuras
más grandes que hay en este planeta. Abrácela. Atré-
vase a pedirle a Dios grandes cosas. Sea perseverante en
ello. Aprenda y crezca. Y permita siempre que el Espíritu de Dios lo guíe en todo momento, porque:

Cuando venga el Espíritu de verdad, él os
guiará a toda la verdad; porque no hablará por
su propia cuenta, sino que hablará todo lo que
oyere, y os hará saber las cosas que habrán de
venir. El me glorificará; porque tomará de lo
mío, y os lo hará saber. Todo lo que tiene el

Padre es mío; por eso dije que tomará de lo mío,
y os lo hará saber.

—Juan 16:13–15

Juntemos todo

Tenemos que convertirnos en personas de oración. Es
imposible tener una verdadera relación con Dios sin
que la oración y la intercesión sean una parte significativa de su vida. Esa es la vida que vivió Jesús cuando
estuvo en la tierra. Es el mismo reto que Jesús presentó
a sus discípulos:

Este es mi mandamiento: Que os améis unos
a otros, como yo os he amado. Nadie tiene
mayor amor que este, que uno ponga su vida
por sus amigos. Vosotros sois mis amigos, si
hacéis lo que yo os mando. Ya no os llamaré
siervos, porque el siervo no sabe lo que hace su
señor; pero os he llamado amigos, porque todas
las cosas que oí de mi Padre, os las he dado a
conocer.

—Juan 15:12–15

Como Dios amó tanto al mundo que entregó a su
Hijo Único, así su Hijo Único amó tanto al mundo que
nunca ha dejado de orar por nosotros desde el mismo
momento en que se sentó a la diestra del Padre. Si

vamos a amar como Él amó, entonces la intercesión tiene que ser parte de nosotros mismos. Sin embargo, Jesús no solo presentó un reto; también hizo una promesa. Si nos unimos a Él en este ministerio, no seremos sirvientes que van a ciegas sin conocer las decisiones correctas que debemos tomar o las cosas correctas que debemos pedirle al Padre, seremos sus amigos, como el fiel Abraham, y sabremos lo que Dios va a hacer en la tierra. Porque cuando nos unimos con el Espíritu de Dios en oración, no solo nos paramos delante del trono de los cielos para presentar nuestros casos; también ganamos acceso a una percepción y revelación divinas sobre aquellos asuntos por los que debemos orar y cómo debemos hacerlo.

Pero como dije antes, la escuela de la oración realmente no se encuentra en libros; se encuentra en la práctica. (¡Aunque creo que libros como este pueden ayudar!) Usted aprende a medida que avanza y nunca tocará las profundidades de la oración hasta que no esté dispuesto a meterse en las aguas poco profundas. Desde el primer día necesita un plan y una estrategia para entrar, dando pasos de bebé.

Es por eso que he incluido una guía de oración en el Apéndice B al final de este libro, ya sea para que usted la use como está o para que la adapte con sus propios versículos y apuntes de las Escrituras. Aunque muchos de mis otros libros tienen el final lleno de declaraciones y decretos para que usted los proclame sobre su propia vida, me sentí guiada a hacer algo diferente en este libro. Debido a que ahora está orando por otros, necesita recordatorios para saber sobre qué orar, en vez de oraciones para repetir, y pasajes que animarán su fe y valentía en la oración delante del trono de la gracia y cuando le pregunte al Espíritu Santo sobre qué orar. Luego necesita desarrollar su rutina de oración.

Regrese al capítulo 5 y revise las instrucciones que hay allí para encontrar los nombres de las personas con cargos de gobierno, los pastores locales, etc. Puede añadir cualquier otro nombre. Escríbalos en el Apéndice B o, como antes sugerí, cree su propio documento en la computadora, el teléfono inteligente, o la tableta para poder actualizarlo con facilidad. Imprímalo y guárdelo en su cartera, en su maletín o en la Biblia, donde esté a mano cuando se sienta guiado a orar.

A continuación, destine un tiempo durante el día para dedicarlo a la oración regular, incluso si solo son diez o quince minutos cada mañana, durante el mediodía o antes de ir a dormir por la noche. (Daniel, quien tuvo mucho éxito en el mundo secular, ¡oraba mañana, tarde y noche!) Es una buena idea comenzar un sábado en el que no se sienta presionado por el tiempo o quizás un domingo por la mañana justo después de levantarse, antes de comenzar a alistarse para ir a la iglesia. Busque un lugar tranquilo.

Prepare la atmósfera poniendo alguna música de alabanza de fondo con un volumen bajo y reduzca el ruido del exterior, o sintonice el programa de oración que se transmite en vivo por la web desde la Casa Internacional de Oración en la ciudad de Kansas a través de su sitio web www.ihopkc.org. También es excelente conectarse con este sitio IHOP (siglas en inglés de Casa Internacional de Oración) cuando están orando por temas específicos que están también en su corazón, tales como las misiones al interior de las ciudades, las iglesias o el tráfico de personas. Una vez más, revise el sitio web para conocer los horarios. Si se siente guiado, cante y alabe a Dios un rato. Puede tocar un instrumento en vez de poner música. Haga lo que siente que debe hacer para exaltar a su Señor y Salvador y dele la bienvenida a su presencia.

Luego abra el Apéndice B (su hoja de oración o su documento en el teléfono inteligente o la tableta) y comience a orar. Puede que quiera comenzar simplemente leyendo y meditando en los pasajes de las Escrituras que están en la lista y en los nombres de Dios y lo que significan. Pregúntele a Dios acerca de ellos y luego siéntese en silencio y escuche la respuesta. Dígale a Dios cuánto aprecia lo que Él es y lo que ha hecho por usted. No se apure. Simplemente siéntese y dele la bienvenida a la presencia de Dios.

Cuando llegue a la sección que se titula "Peticiones, súplicas, intercesiones" lea la lista y ore lo que le venga a la mente por cada persona, una por una. Después que haya orado por aquello que sabe que tiene que orar, pregúntele al Espíritu Santo por qué cosas quiere que ore. Como dijo Pablo: "Oraré con el espíritu, pero oraré también con el entendimiento; cantaré con el espíritu, pero cantaré también con el entendimiento" (1 Corintios 14:15). Sobre este proceso de la intercesión, Oswald Chambers aconsejó:

> No es que nosotros ponemos a Dios en contacto con nuestra mente, sino que levantamos y avivamos hasta el punto de que Él puede impartirnos su mente acerca de las personas por las que intercedemos. ¿Puede Jesucristo ver en nosotros los dolores de parto que hay en alma? No, a menos que estemos tan identificados con Él que nos avivemos para obtener una visión de las personas por quienes oramos. ¡Que podamos aprender a interceder con todo nuestro corazón para que Jesucristo esté satisfecho con nosotros como intercesores![3]

Repita este proceso con cada persona de la lista. Escriba notas o referencias de las Escrituras para las cosas que le vengan a la mente mientras ora. No solo cite las Escrituras, más bien conviértalas en oraciones, quitando los pronombres y poniendo los nombres de las personas por las que está orando. Por ejemplo, si ora la oración que aparece en Efesios capítulo 1 por el presidente Barak Obama, quedaría más o menos así:

> Oro para que tú, el Dios de nuestro Señor Jesucristo, el Padre de gloria, le des al presidente Obama el espíritu de sabiduría y de revelación en el conocimiento de tu Hijo, Jesús; alumbrando los ojos de su entendimiento; para que el Presidente sepa cuál es la esperanza de tu llamado para su vida, cuáles las riquezas de la gloria de tu herencia en los santos, y cuál la supereminente grandeza de su poder para con nosotros los que creemos.[4]

Escriba a mano o imprima estas palabras si necesita hacerlo, de modo que pueda leer palabra por palabra sin distraerse al tener que cambiar palabras para que encajen adecuadamente. (También puede encontrar recursos, como el libro *Oraciones con poder*, que son oraciones escriturales para diferentes asuntos que tienen en ellas espacios en blanco para que usted pueda insertar nombres y pronombres con facilidad). Haga lo mismo con los pasajes que lee como peticiones personales y con cada tema del resto de la guía, hasta llegar al final. A medida que se prepara para terminar, regrese a la alabanza y la adoración y agradezca a Dios porque ya está respondiendo sus oraciones.

Cuando diga "Amén", recuerde que *amén* significa "Así sea", no "hasta luego por ahora". No está "cerrando las transmisiones" para visitar otra vez a Dios el día siguiente; está cerrando sus oraciones con su fe. Es como firmar su nombre en una carta que estaba escribiendo a un congresista o en una petición. Usted está diciendo: "Esto es lo que creo. Esta es la razón por la que lo creo. Estas son las promesas en tu Palabra por las que esto debe suceder. Así sea, en el nombre de Jesús".

Aunque pienso que es una buena idea abarcar toda la lista la primera vez que se dedica a este ejercicio, es difícil en nuestro mundo moderno dedicar el tiempo que se requiere para esto cada día, de modo que téngase un poco de gracia. Como dije antes, quiero que tenga una carga para orar (lo que solían llamar la incitación de dentro del corazón para orar por tal asunto o tal persona), pero no quiero que la oración se convierta en una carga para usted, un yugo de legalismo o deber. No debe sentirse culpable si un día no se ha podido dedicar a esta tarea o si no ha tenido tiempo de recorrer toda la lista cada vez que se tiene este tiempo. Revísela y escoja algunos temas según crea conveniente. Reemplace los versículos que no le hablan a usted. Salte algunas partes y pase más tiempo en otras según siente que el Espíritu lo guía. Permita que el Espíritu Santo sea su guía en esto, lo que le he dado aquí son solo algunas pautas que puede usar según Dios lo guíe para usarlas.

Lo importante es que desarrolle un estilo de vida donde la oración esté en el centro de todo lo que hace. Moisés fue conocido como el hombre más humilde que caminó sobre la faz de la tierra, porque siempre que se enfrentaba a un asunto, simplemente inclinaba su rostro dondequiera que estuviera y comenzaba a orar allí mismo. Debemos sentirnos con la libertad de hacer lo mismo cuando enfrentamos las cosas durante el día (¡aunque pienso que de veras debe sentirse guiado por el Espíritu si va a inclinar su rostro en su trabajo o en la calle para comenzar a orar!). Debemos ser personas dispuestas a apagar la televisión y pasar una noche en alabanza y oración. Necesitamos dejarle saber a Dios que estamos disponibles cuando quiera que Él necesite que intercedamos. Necesitamos dejar que el deseo de orar crezca en nosotros sin permitir que se convierta en un yugo de opresión legalista. Como nos dicen las Escrituras, Jesús está esperando para sentarse y visitarnos todo el tiempo:

> He aquí, yo estoy a la puerta y llamo; si alguno oye mi voz y abre la puerta, entraré a él, y cenaré con él, y él conmigo. Al que venciere, le daré que se siente conmigo en mi trono, así como yo he vencido, y me he sentado con mi Padre en su trono.
>
> —APOCALIPSIS 3:20–21

A medida que desarrolla la oración en su propia vida de esta manera, busque tanto apoyo externo como le sea posible. ¿Hay grupos de oración en su iglesia a los que puede unirse, o está abierta su iglesia para que usted forme uno? Reunirse de manera regular con otros para interceder, especialmente por temas o inquietudes específicas, es un poderoso apoyo para una vida y una cultura de oración. ¿Hay algún grupo de oración 24/7 en su comunidad a donde puede ir un par de veces a la semana? Tener un lugar para ir y orar que esté apartado solo para ese propósito disminuye grandemente las atracciones. Otra vez le digo, tal vez su iglesia esté abierta para crear dicho grupo o permanezca abierta para que las personas vayan al auditorio central durante determinadas horas del día para orar. Pruebe con eso si le resulta difícil encontrar un tiempo quieto y sin interrupciones para orar en casa. Aproveche cualquier recurso que fortalezca su tiempo de oración y, a medida que crece, cree dichos recursos para otros en su área para apoyar la cultura de oración en su comunidad.

DIOS LE HA EXTENDIDO SU CETRO

Cuando por fin Ester hizo su entrada delante del rey Asuero, se dio cuenta de que su preparación no había sido en vano. El rey le extendió su cetro y honró su petición de venir a cenar con ella. Ester sirvió una suculenta mesa delante de su rey y estaba feliz de conversar con él, sin mostrar ninguna señal de que necesitaba apurar las cosas para poder hablar sobre otro asunto o que estaba preocupada por hacer otra cosa que no fuera estar en su presencia. Cuando él le preguntó al final de su tiempo juntos cuál era su petición, ella lo invitó a pasar otra noche juntos. Quería demostrarle que lo más importante para ella era estar con él, no solo recibir una respuesta a cualquiera que fuera su petición.

Cuando finalmente presentó su petición, el rey no solo se la concedió de inmediato, sino doblemente, extendiendo el derecho al pueblo judío para que se armaran, se defendieran y tomaran el despojo de sus enemigos, para asegurarse de que lo pensarían dos veces antes de desafiarlo otra vez.

La vida de oración es una vida de pararse con y por otros, así como Jesús lo está haciendo en este mismo instante. Nos enfocamos en fortalecer a otros y en ver el reino de Dios establecido en sus vidas. Con el poder y la sabiduría de Dios nos disponemos a sacar a las personas de las trampas que el maligno ha preparado para ellos y a mostrarles cómo encontrar satisfacción y plenitud en la presencia de Dios. Esta es la vida que ve desplegarse la justicia de Dios, cambiando los corazones de los abusadores y sanando a los abusados.

No permita que se diga de su generación que cuando Dios miró para encontrar a alguien que se parara en la brecha por un asunto, no pudo encontrar a nadie que estuviera dispuesto a hacerlo. Todos aquellos que decimos que pertenecemos a Cristo debemos estar dispuestos a pararnos en ese lugar y necesitamos hacerlo con frecuencia. Dios mismo nos hizo la invitación en Jeremías 33:3: "Clama a mí, y yo te responderé, y te enseñaré cosas grandes y ocultas que tú no conoces".

Oh, hay tanto que alcanzar, pero también hay tantos recursos disponibles para nosotros si confiamos en que Dios nos los revelará. Búsquelo en oración y eleve las naciones ante Él para que se haga su voluntad en ellas, así como en el cielo. La justicia siempre comienza con personas que se disponen a defenderla y no aceptan que se le niegue ese derecho. Entre delante de nuestro Rey y pida que su justicia se lleve a cabo.

El mundo, después de todo, está aguardando la manifestación de los hijos y las hijas de Dios. Que seamos nosotros las personas enviadas a un mundo que tanto necesita un Salvador.

ORGANIZACIONES EN FAVOR DE LA JUSTICIA Y LA LIBERTAD

L AS SIGUIENTES ORGANIZACIONES son solo unas pocas de muchas. Las que he listado son aquellas que amigos, miembros del equipo o socios me han sugerido de las organizaciones que ellos apoyan. Lo insto a que revise los sitios web o haga una búsqueda sobre los temas que tocan su corazón y vea dónde Dios lo inspira a conectarse, ayudar y orar.

Ayudar huérfanos

River's Promise
www.riverspromise.org
888.285.4669

World Vision
www.worldvision.org
888.511.6443

Pobreza y sida

One

www.one.org

202.495.2700

Necesitado e indigente

The Salvation Army

www.salvationarmyusa.org

Put in your zip code to find their facilities in your area.

Oración las 24 horas

24-7 Prayer

www.24-7prayer.com

http://24-7prayer.us

816.931.2841

The International House of Prayer

www.ihopkc.org

816.763.0200

Libertad religiosa

Open Doors

www.opendoorsusa.org

888.524.2535 (888-5-BIBLE-5)

The Voice of the Martyrs
www.persecution.com
877.337.0302

Esclavitud y trata de blancas

Exodus Cry
www.exoduscry.com
816.398.7490

iEmpathize
www.iempathize.com
303.625.4074

Love146
www.Love146.org
203.772.4420

Not For Sale
www.notforsalecampaign.org
650.560.9990

UN EJEMPLO DE UNA GUÍA DE ORACIÓN PARA HACER LA ORACIÓN DEL DISCÍPULO

ALABANZA

"Padre nuestro que estás en el cielo..."
Somos sus hijos por virtud de:

+ Su sangre

Pero ahora en Cristo Jesús, vosotros que en otro tiempo estabais lejos, habéis sido hechos cercanos por la sangre de Cristo.

—EFESIOS 2:13

+ Su Espíritu

Porque la ley del Espíritu de vida en Cristo Jesús me ha librado de la ley del pecado y de la muerte. Porque todos los que son guiados por el Espíritu de Dios, éstos son hijos de Dios.

—ROMANOS 8:2, 14

+ Nuestra fe

Pues todos sois hijos de Dios por la fe en Cristo
Jesús.

—Gálatas 3:26

"Santificado sea tu nombre".

Sus nombres son nombres de pacto:

+ *El Elyon*: Dios Altísimo

"Bendito sea Abram del Dios Altísimo, creador
de los cielos y de la tierra; y bendito sea el Dios
Altísimo, que entregó tus enemigos en tu mano".
Y le dio Abram los diezmos de todo.

—Génesis 14:19–20

Y clamando a gran voz (el demonio), dijo: "¿Qué
tienes conmigo, Jesús, Hijo del Dios Altísimo?
Te conjuro por Dios que no me atormentes".

—Marcos 5:7

+ *El Shaddai*: Dios Todopoderoso

Era Abram de edad de noventa y nueve años,
cuando le apareció Jehová y le dijo: "Yo soy el
Dios Todopoderoso; anda delante de mí y sé
perfecto".

—Génesis 17:1

"Yo soy el Alfa y la Omega, principio y fin, dice el Señor, el que es y que era y que ha de venir, el Todopoderoso".

—Apocalipsis 1:8

♦ *El Olam:* Dios Eterno

Y plantó Abraham un árbol tamarisco en Beerseba, e invocó allí el nombre de Jehová Dios eterno.

—Génesis 21:33

Jesucristo es el mismo ayer, y hoy, y por los siglos.

—Hebreos 13:8

♦ *Jehová Jireh:* La provisión del Señor se verá

Y llamó Abraham el nombre de aquel lugar, Jehová proveerá. Por tanto se dice hoy: "En el monte de Jehová será provisto".

—Génesis 22:14

Poderoso es Dios para hacer que abunde en vosotros toda gracia, a fin de que, teniendo siempre en todas las cosas todo lo suficiente, abundéis para toda buena obra.

—2 Corintios 9:8

+ *Jehová Rafa*: Dios sana

Si oyeres atentamente la voz de Jehová tu Dios, e hicieres lo recto delante de sus ojos, y dieres oído a sus mandamientos, y guardares todos sus estatutos, ninguna enfermedad de las que envié a los egipcios te enviaré a ti; porque yo soy Jehová tu sanador.

—Éxodo 15:26

Quien llevó él mismo nuestros pecados en su cuerpo sobre el madero, para que nosotros, estando muertos a los pecados, vivamos a la justicia; y por cuya herida fuisteis sanados.

—1 Pedro 2:24

+ *Jehová-nisi*: Dios mi estandarte

Moisés edificó un altar, y llamó su nombre Jehová-nisi; y dijo: "Por cuanto la mano de Amalec se levantó contra el trono de Jehová, Jehová tendrá guerra con Amalec de generación en generación".

—Éxodo 17:15–16

Gracias sean dadas a Dios, que nos da la victoria por medio de nuestro Señor Jesucristo.

—1 Corintios 15:57

- *Jehová M'kaddesh*: El Señor que
  santifica

Tú hablarás a los hijos de Israel, diciendo: "En verdad vosotros guardaréis mis días de reposo; porque es señal entre mí y vosotros por vuestras generaciones, para que sepáis que yo soy Jehová que os santifico".

—ÉXODO 31:13

Por tanto, no te avergüences de dar testimonio de nuestro Señor, ni de mí, preso suyo, sino participa de las aflicciones por el evangelio según el poder de Dios, quien nos salvó y llamó con llamamiento santo, no conforme a nuestras obras, sino según el propósito suyo y la gracia que nos fue dada en Cristo Jesús antes de los tiempos de los siglos.

—2 TIMOTEO 1:8–9

- *Jehová-salom*: El Señor es paz

Y edificó allí Gedeón altar a Jehová, y lo llamó Jehová-salom.

—JUECES 6:24

Por nada estéis afanosos, sino sean conocidas vuestras peticiones delante de Dios en toda oración y ruego, con acción de gracias. Y la paz de Dios, que sobrepasa todo entendimiento, guardará vuestros corazones y vuestros pensamientos en Cristo Jesús.

—Filipenses 4:6–7

✦ *Jehová Sabaot*: El Señor de los ejércitos

Todos los años aquel varón subía de su ciudad para adorar y para ofrecer sacrificios a Jehová de los ejércitos en Silo.

—1 Samuel 1:3

¿Acaso piensas que no puedo ahora orar a mi Padre, y que él no me daría más de doce legiones de ángeles?

—Mateo 26:53

✦ *Jehová Rohi*: El Señor es mi Pastor

Jehová es mi pastor; nada me faltará. En lugares de delicados pastos me hará descansar; junto a aguas de reposo me pastoreará. Confortará mi alma; me guiará por sendas de justicia por amor de su nombre. Aunque ande en valle de sombra de muerte, no temeré mal alguno, porque tú estarás conmigo; tu vara y tu cayado me infundirán aliento. Aderezas mesa delante de mí en presencia de mis angustiadores; unges mi cabeza con aceite; mi copa está rebosando. Ciertamente el bien y la misericordia me seguirán todos los días de mi vida, y en la casa de Jehová moraré por largos días.

—Salmo 23:1–6

Cuando ha sacado fuera todas las propias, va delante de ellas; y las ovejas le siguen, porque conocen su voz.

—Juan 10:4

+ *Jehová Tsidkenu*: Dios nuestra justicia

En sus días será salvo Judá, e Israel habitará confiado; y este será su nombre con el cual le llamarán: Jehová, justicia nuestra.

—Jeremías 23:6

Al que no conoció pecado, por nosotros lo hizo pecado, para que nosotros fuésemos hechos justicia de Dios en él.

—2 Corintios 5:21

+ *Jehová-sama*: El Señor está presente

En derredor tendrá dieciocho mil cañas. Y el nombre de la ciudad desde aquel día será Jehová-sama.

—Ezequiel 48:35

Sean vuestras costumbres sin avaricia, contentos con lo que tenéis ahora; porque él dijo: "No te desampararé, ni te dejaré"; de manera que podemos decir confiadamente: "El Señor es mi ayudador; no temeré lo que me pueda hacer el hombre".

—HEBREOS 13:5–6

SANTIFICACIÓN, SÚPLICAS, INTERCESIONES

"Venga tu reino. Hágase tu voluntad, como en el cielo, así también en la tierra".

Exhorto ante todo, a que se hagan rogativas, oraciones, peticiones y acciones de gracias, por todos los hombres; por los reyes y por todos los que están en eminencia, para que vivamos quieta y reposadamente en toda piedad y honestidad. Porque esto es bueno y agradable delante de Dios nuestro Salvador.

—1 TIMOTEO 2:1–3

+ El gobierno[1]

+ El presidente y su cónyuge

El corazón del rey en la mano de Jehová; a todo lo que quiere lo inclina.

—PROVERBIOS 21:1

- El vice presidente y su cónyuge

- El congreso

- Los senadores del estado

- Los representantes de los distritos

- Los funcionarios del estado, la policía y los trabajadores del gobierno

- El gobernador

- El senador a la asamblea del estado

- El representante a la asamblea del estado

- Los comisionados del condado

- El alcalde

- Los pastores de su zona

- Otros ministerios y organizaciones

- Su familia

- Sus amigos

- Otros por los que siente que debe orar

- Por la paz en Israel

Peticiones Personales

"El pan nuestro de cada día, dánoslo hoy".

+ Las finanzas: ponga a Dios primero

Buscad primeramente el reino de Dios y su justicia, y todas estas cosas os serán añadidas.
—Mateo 6:33

Amado, yo deseo que tú seas prosperado en todas las cosas, y que tengas salud, así como prospera tu alma.
—3 Juan 2

Mi Dios, pues, suplirá todo lo que os falta conforme a sus riquezas en gloria en Cristo Jesús.
—Filipenses 4:19

+ El diezmo

Traed todos los diezmos al alfolí y haya alimento en mi casa; y probadme ahora en esto, dice Jehová de los ejércitos, si no os abriré las ventanas de los cielos, y derramaré sobre vosotros bendición hasta que sobreabunde.

Reprenderé también por vosotros al devorador, y no os destruirá el fruto de la tierra, ni vuestra vid en el campo será estéril, dice Jehová de los ejércitos. Y todas las naciones os dirán bienaventurados; porque seréis tierra deseable, dice Jehová de los ejércitos.

—MALAQUÍAS 3:10–12

◆ Las ofrendas

Pero esto digo: El que siembra escasamente, también segará escasamente; y el que siembra generosamente, generosamente también segará. Cada uno dé como propuso en su corazón: no con tristeza, ni por necesidad, porque Dios ama al dador alegre. Y poderoso es Dios para hacer que abunde en vosotros toda gracia, a fin de que, teniendo siempre en todas las cosas todo lo suficiente, abundéis para toda buena obra.

—2 CORINTIOS 9:6–8

Jehová te enviará su bendición sobre tus graneros, y sobre todo aquello en que pusieres tu mano; y te bendecirá en la tierra que Jehová tu Dios te da.

—DEUTERONOMIO 28:8

Gran ganancia es la piedad acompañada de contentamiento.

—1 TIMOTEO 6:6

Sean vuestras costumbres sin avaricia, contentos con lo que tenéis ahora; porque él dijo: "No te desampararé, ni te dejaré"; de manera que podemos decir confiadamente: "El Señor es mi ayudador; no temeré lo que me pueda hacer el hombre".

—Hebreos 13:5–6

♦ La salud y la sanidad

Mas él herido fue por nuestras rebeliones, molido por nuestros pecados; el castigo de nuestra paz fue sobre él, y por su llaga fuimos nosotros curados. Todos nosotros nos descarriamos como ovejas, cada cual se apartó por su camino; mas Jehová cargó en él el pecado de todos nosotros.

—Isaías 53:5–6

Y si el Espíritu de aquel que levantó de los muertos a Jesús mora en vosotros, el que levantó de los muertos a Cristo Jesús vivificará también vuestros cuerpos mortales por su Espíritu que mora en vosotros.

—Romanos 8:11

Hijo mío, está atento a mis palabras; inclina tu oído a mis razones. No se aparten de tus ojos; guárdalas en medio de tu corazón; porque son vida a los que las hallan, y medicina a todo su cuerpo. Sobre toda cosa guardada, guarda tu corazón; porque de él mana la vida.

—Proverbios 4:20–23

La santificación

"Y perdónanos nuestras deudas, como también nosotros perdonamos a nuestros deudores".

- Pida perdón.

Todo aquel que es nacido de Dios, no practica el pecado, porque la simiente de Dios permanece en él; y no puede pecar, porque es nacido de Dios.

—1 Juan 3:9

- Perdone y libere a otros
- Decida caminar en perdón a lo largo de todo el día

"Y no nos metas en tentación, mas líbranos del mal".

- Póngase toda la armadura de Dios (Efesios 6:14–17).
  - » Ceñidos vuestros lomos con la verdad

- » Vestidos con la coraza de justicia
- » Calzados los pies con el apresto del evangelio de la paz
- » El escudo de la fe
- » El yelmo de la salvación
- » La espada del Espíritu, que es la palabra de Dios

- ✦ Ore por protección.

El que habita al abrigo del Altísimo morará bajo la sombra del Omnipotente. Diré yo a Jehová: Esperanza mía, y castillo mío; mi Dios, en quien confiaré.

Por cuanto en mí ha puesto su amor, yo también lo libraré; le pondré en alto, por cuanto ha conocido mi nombre. Me invocará, y yo le responderé; con él estaré yo en la angustia; lo libraré y le glorificaré. Lo saciaré de larga vida, y le mostraré mi salvación

—Salmos 91:1–2, 14–16

La alabanza

"Porque tuyo es el reino, el poder y la gloria, por los siglos de los siglos".

+ Agradézcale por las respuestas a sus oraciones.

Y esta es la confianza que tenemos en él, que si pedimos alguna cosa conforme a su voluntad, él nos oye. Y si sabemos que él nos oye en cualquiera cosa que pidamos, sabemos que tenemos las peticiones que le hayamos hecho.

—1 Juan 5:14–15

Por tanto, os digo que todo lo que pidiereis orando, creed que lo recibiréis, y os vendrá.

—Marcos 11:24

"Amén".

Notas

Introducción

1. Andrew Murray, *La escuela de la oración*, London: James Nisbet and Company, 1887), vi–vii. Revisado en Google Books.

Parte uno
La corte del cielo

1. Oswald Chambers, *En pos de lo supremo*, CLIE, 2009, 7 de marzo, 13 de diciembre.

2. Goodreads.com, "Samuel Chadwick Quotes," http://www.goodreads.com/author/quotes/1148687.Samuel_Chadwick (consultado en línea, 22 de abril de 2013).

Capítulo 1
Abogado ante el trono

1. Madame Guyon, *A Short Method of Prayer and Other Writings*, Peabody, MA: Hendrickson Publishers, Inc., 2005, 18.

2. Charles G. Finney, *Lectures on Revivals of Religion*, New York, Leavitt, Lord and Company, 1835, 218. Revisado en Google Books.

3. J. Paul Reno, "Prevailing Prince of Prayer (Daniel Nash)," 1989, http://hopefaithprayer.com/prayernew/prevailing-prince-of-prayer-daniel-nash-j-paul-reno/ (consultado en línea, 22 de abril de 2013).

4. Como se menciona en Leonard Ravenhill, *Why Revival Tarries*, Bloomington, MN, Bethany House, 2004, 53. Revisado en Google Books.

5. Kenneth Hagin, *The Art of Prayer*, Tulsa, OK, Faith Library Publications, 1992, 13.

6. Ibíd.

7. Cindy Jacobs, *Possessing the Gates of the Enemy* (Grand Rapids, MI: Chosen Books, 2009), 59. Revisado en Google Books.

8. Dick Eastman, *Love on Its Knees*, Tarrytown, NY, Chosen Books, 1989, 21, como se cita en Jacobs, *Possessing the Gates of the Enemy*, 57. Revisado en Google Books.

9. John Wesley, *A Plain Account of Christian Perfection*, in *The Works of the Rev. John Wesley*, vol. 8 (New York: J. & J. Harper, 1827), 60. Revisado en Google Books.

10. Charles G. Finney, *Memoirs of Rev. Charles G. Finney*, New York: A. S. Barnes and Company, 1876, 142–143. Revisado en Google Books.

Capítulo 2
El Rey al que servimos

1. Oswald Chambers, *En pos de lo supremo*, CLIE, 2009, 19 de marzo.

2. W. E. Vine, Merrill F. Unger, and William White Jr., *Vine's Complete Expository Dictionary of Old and New Testament Words*, vol. 2, Nashville: Thomas Nelson, 1996, s.v. "peace; shalom."

3. Chambers, *En pos de lo supremo*, 20 de marzo.

Capítulo 3
Vestido para triunfar

1. Edward M. Bounds, *Power Through Prayer*, Chicago: Moody Publishers, 2009, 18. Revisado en Google Books.

2. QuotationsBook.com, *Quotes by Martin Luther* (N.p.: N.d.,), 1. Revisado en Google Books.

3. Andrew Murray, *The Prayer Life*, N.p.: ReadaClassic. com, 2011, 9.

4. Norman Grubb, *Rees Howells, Intercessor*, Fort Washington, PA, CLC Publications, 1952), 83–86. Revisado en Google Books.

5. Chambers, *En pos de lo supremo*, 15 de marzo.

6. D. L. Moody, *Prevailing Prayer: What Hinders It?*, Chicago, Fleming H. Revell, 1884, 102. Revisado en Google Books.

7. Murray, *La escuela de la oración*, 59–60. Revisado en Google Books.

Capítulo 4
"¿Y ahora qué, Papá?"

1. Bounds, *Power Through Prayer*, 112. Revisado en Google Books.

2. John Wesley, *The Journal of John Wesley*, Christian Classics Ethereal Library, http://www.ccel.org/ccel/wesley/journal.vi.ii.xvi.html (consultado en línea, 24 de abril de 2013).

3. Vine, Unger, and White, *Vine's Complete Expository Dictionary of Old and New Testament Words*, s.v. "grace."

4. Charles G. Finney, *Power, Passion, and Prayer*, Alachua, FL, Bridge-Logos, 2004, 177–178. Revisado en Google Books.

5. Wesley, *A Plain Account of Christian Perfection*, 61. Revisado en Google Books.

PARTE DOS
LA DISCIPLINA DE LA INTERCESIÓN

1. Grubb, *Rees Howells, Intercessor*, 212. Revisado en Google Books.

CAPÍTULO 5
EN PRIMER LUGAR

1. Andrew Murray, *The Ministry of Intercession*, London, James Nisbet and Co., Ltd., 1898, 203. Revisado en Google Books.

2. Para más información acerca de cómo orar la "oración del discípulo" como una guía para sus propios tiempos de oración guiados por el Espíritu Santo, vea mi libro *The Prayer Warrior's Way*, que abunda mucho más en ese tema que en este libro.

3. *Spider-Man*, dirigido por Sam Raimi, 2002; Hollywood, CA, Columbia Pictures, 2002, DVD.

4. Como se cita en H. John Lyke, *What Would Our Founding Fathers Say?*, Bloomington, IN: iUniverse, 2012, 130. Revisado en Google Books.

5. Chambers, *En pos de lo supremo*, 1 de abril.

CAPÍTULO 6
HERMANOS Y HERMANAS EN CADENAS

1. Andrew Murray, *The Prayer Life*, Chicago, Moody Publishers, 1941, capítulo 1. Revisado en Google Books.

2. Susan Llewelyn Leach, "Slavery Is Not Dead, Just Less Recognizable," *Christian Science Monitor*, September 1, 2004, http://www.csmonitor.com/2004/0901/p16s01-wogi .html (consultado en línea, el 25 de abril de 2013); Stephanie Hanes, "Human Trafficking: A Misunderstood

Global Scourge," *Christian Science Monitor*, 9 de septiembre de 2012, http://www.csmonitor.com/World/Global-Issues/2012/0909/Human-trafficking-a-misunderstood-global-scourge (consultado en línea, 25 de abril de 2013).

3. Helen Mees, "Does Legalizing Prostitution Work?", *Project Syndicate*, February 3, 2009, http://www.policyinnovations.org/ideas/commentary/data/000107 (consultado el 25 de abril de 2013); Rachel Lloyd, "Legality Leads to More Trafficking," *New York Times*, 19 de abril de 2012, http://www.nytimes.com/roomfordebate/2012/04/19/is-legalized-prostitution-safer/legalizing-prostitution-leads-to-more-trafficking (consultado en línea, 25 de abril de 2013).

4. Suzanne Eller, "More Christians Have Been Killed for Their Faith in the 20th Century Than Have Been Martyred in the Total History of Christianity," ASSIST News Service, September 21, 2001, http://www.assistnews.net/strategic/s0109069.htm (consultado en línea, 25 de abril de 2013).

5. UCANews.com, "Persecution Kills 150,000 Christians Every Year," September 12, 2012, http://www.ucanews.com/news/persecution-kills-150000-christians-every-year/60090 (consultado en línea, 25 de abril de 2013).

6. Shaohua Chen and Martin Ravallion, "The Developing World Is Poorer Than We Thought, but No Less Successful in the Fight Against Poverty," World Bank, August 2008, según se menciona en Anup Shah, "Poverty Facts and Stats" [Datos y estadísticas sobre la pobreza] GlobalIssues.org, 7 de enero de 2013, http://www.globalissues.org/article/26/poverty-facts-and-stats (consultado en línea, 25 de abril de 2013).

7. Anup Shah, "Today, Around 21,000 Children Died Around the World," GlobalIssues.org, September 24, 2011, http://www.globalissues.org/article/715/today-21000 -children-died-around-the-world (consultado en línea, 25 de abril de 2013).

8. NBCNews.com. "Today Is World Water Day; More Than 780 Million People Don't Have Access to Clean Water," PHOTOBlog, 22 de marzo de 2012, http:// photoblog.nbcnews.com/_news/2012/03/22/10813804 -today-is-world-water-day-more-than-780-million-people -dont-have-access-to-clean-water?lite (consultado en línea, 25 de abril de 2013).

9. Michael Elliott, "Bono: Fight Poverty to 'Zero Zone,'" March 17, 2013, http://www.cnn.com/2013/03/17/opinion/ elliott-bono-ted-poverty (consultado en línea, 25 de abril de 2013).

10. World Health Organization, "Malaria: Fact Sheet No. 94," March 2013, http://www.who.int/mediacentre/ factsheets/fs094/en/ (consultado en línea, 25 de abril de 2013).

11. E. G. Carre, ed., *Praying Hyde: The Life Story of John Hyde* (Alachua, FL: Bridge Logos, 1982), 32. Revisado en Google Books.

Capítulo 7
Palabras y hechos

1. Vine, Unger, and White, *Vine's Complete Expository Dictionary of Old and New Testament Words*, s.v. "perfect."

2. E. M. Bounds, *The Necessity of Prayer*, chapter 8, "Prayer and Character and Conduct," viewed at Christian Classics Ethereal Library, http://www.ccel.org/ccel/

bounds/necessity.ix.html (consultado en línea, 30 de abril de 2013).

3. S. D. Gordon, *Quiet Talks on Prayer*, New York, Fleming H. Revell Company, 1904, 19.

Capítulo 8
Permita que la justicia se despliegue

1. El diálogo siguiente se tomó de Hechos 9:4–6.
2. Finney, *Lectures on Revivals of Religion*, 96. Revisado en Google Books.
3. Chambers, *En pos de lo supremo*, 31 de marzo.
4. Oración basada en Efesios 1:17–19.

Apéndice B
Un ejemplo de una guía de oración para hacer la Oración del Discípulo

1. Vea www.whitehouse.gov/administration/cabinet, www.senate.gov, y www.house.gov para buscar los nombres de los funcionarios del gobierno a nivel nacional.

EQUÍPATE CON EL
ARMA MÁS PODEROSA

CARACTERÍSTICAS Y BENEFICIOS

- Versión Reina-Valera 1960 (la versión de la Biblia más leída en español).

- Incluye materiales adicionales de estudio, escritos por más de veinte líderes y autores cristianos de renombre.

- Provee información práctica para prepararte y equiparte en la guerra espiritual.

- Contiene herramientas de entrenamiento para la guerra espiritual, tanto para el estudio individual así como para grupos pequeños.

- Incluye referencias y mapas a color.

La **Biblia para la guerra espiritual**, te ayudará a prepararte y equiparte como un guerrero espiritual

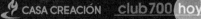